Karlheinz Weißmann

Die preußische Dimension

Karlheinz Weißmann

Die preußische Dimension

Ein Essay

Herbig

Schutzumschlagmotiv: Faksimile eines handschriftlichen
Vermerks Friedrichs II. zur Religionsfreiheit

© 2001 by F. A. Herbig Verlagsbuchhandlung
GmbH, München
Alle Rechte vorbehalten
Schutzumschlag: Wolfgang Heinzel
Herstellung und Satz: VerlagsService Dr. Helmut Neuberger
& Karl Schaumann GmbH, Heimstetten
Gesetzt aus der 11,5/16 Punkt Sabon
Druck und Binden: Wiener Verlag, Himberg
Printed in Austria
ISBN 3-7766-2239-3

In Erinnerung an
Hans-Joachim Schoeps

Inhalt

Zu diesem Buch 9

Preußenjahr 13

Rotes Preußen? 17
Entpreußung 25
Die Heimkehr des großen Königs 32
Die Ehre Preußens 38
Preußischer Anarchismus 47

Die preußische Dimension:
———— geographisch ————

Der Aufstieg Brandenburg-Preußens ... 53
Die Etablierung einer Großmacht 59
Preußens »deutscher Beruf« 66
Conditio Borussiae 79

Die preußische Dimension:
_____ politisch _____

Kriegslüstern? 97
Militaristisch? 107
Reaktionär? 119

Die preußische Dimension:
_____ geistig _____

Preußische Tugenden 138
Toleranz und Rechtsstaatlichkeit 148
Gehorsam und Ungehorsam 158

Preußen und Deutschland 166

Zeittafel zur preußischen Geschichte 179
Kleine kommentierte Bibliographie 184
Personenregister 187

Zu diesem Buch

Es gibt keinen Staat der Intelligenz in dem Sinne, als ob irgendein Teil Deutschlands reicher an dieser wäre als die übrigen. Aber wenn der Idealismus, welcher in der Intelligenz überall den ersten bestimmenden Faktor alles Geschehens sucht, echt deutsch ist, dann muß wohl ganz Deutschland auf die Geschichte eines Staates stolz sein, der durch rein geistige Energie zweimal in entscheidenden Kämpfen um seine Existenz neu begründet worden ist, dessen Stellung nach seiner Lage und Ausdehnung auf seiner geistigen Spannkraft beruht, nicht auf Naturverhältnissen. Diese Energie des Geistes, der seiner Herrschaft gewiß ist, ist zugleich der Ursprung der Größe Preußens und der Charakter der deutschen Nation. Und in diesem Sinne darf man wohl Preußen den Staat der Intelligenz wie den deutschesten Staat nennen.

Wilhelm Dilthey, 1861

Vorwort

Der Text dieses Buches geht auf eine Rede zurück, die während einer Veranstaltung des Instituts für Staatspolitik* aus Anlaß des 300. Jahrestags der Krönung Friedrichs I. zum König in Preußen gehalten wurde. Die in dem Vortrag entwickelten Thesen sind hier erweitert und in einen größeren historischen Zusammenhang eingeordnet. Dabei wird kein Anspruch auf Wissenschaftlichkeit im strengen Sinn erhoben, es handelt sich ausdrücklich um einen Essay, also um einen »Versuch«, das Thema abzugrenzen, seine verschiedenen Facetten darzustellen, ohne abschließende Ergebnisse gewinnen zu wollen.

Autor und Verlag erschien diese Form besonders geeignet, da sie auch deutlichere Parteinahme möglich macht. Es handelt sich ausdrücklich um eine Parteinahme *für* Preußen. Die ist geboten, weil Preußen immer noch viele Feinde hat, die ihm alles Unglück in der neueren deutschen Geschichte anlasten. Neuerdings gibt es aber auch viele falsche Freunde Preußens. Gemeint sind jene, die die Idyllisierung Preußens zu verantworten haben, seine Beschränkung auf Migrantenzuzug, religiöse Toleranz und Kategorischen Imperativ. Den einen wie den anderen wird hier entgegengetreten, unter Hinweis auf die besondere, die »preußische Dimension« Preußens.

Der Autor dankt dem Verleger Dr. Herbert

Vorwort

Fleissner für den schnellen Entschluß, diesen Band herauszubringen und dem Lektor H. Rochus von Zabuesnig für die wie immer angenehme Zusammenarbeit.

Göttingen, im Frühjahr 2001

Karlheinz Weißmann

---

* Nähere Informationen unter Institut für Staatspolitik, Alte Frankfurter Straße 54, 61118 Bad Vilbel, Ruf und Fax 06101/501120. Im Netz unter www.staatspolitik.de.

Preußenjahr

Im »Preußenjahr« 2001 wird der Erhebung Friedrichs III. von Brandenburg zum König *in* Preußen am 18. Januar 1701 gedacht. Die Erhebung der neuen Majestät fand im ostpreußischen Königsberg statt. Der Aufwand war ganz erheblich. Der Berliner Hof mußte die lange und beschwerliche Reise in vier Abteilungen machen, allein das persönliche Gefolge des kurfürstlichen Paares umfaßte zweihundert Personen. Der Herrscher selbst hatte den Ablauf der mehrere Tage dauernden Festlichkeiten geplant. Prachtentfaltung und Kosten wurden schon von den Zeitgenossen als unpassend, wenn man so will: unpreußisch, empfunden. In einer 1702 erschienenen »Krönungsgeschichte« heißt es, die Kritik vorwegnehmend:

»Die Krönungs-Ceremonien sind nicht etwan / wie viel andere Ceremonien / nur unnütze und vergebliche Gebräuch und Aufzüge, sondern gute / gottselige und erbauliche Gewohnheiten ...«.

Preußenjahr

Hervorzuheben bleibt die Stiftung des »Schwarzen Adlerordens« am Vorabend der Krönung. Die Auszeichnung war mit dem erblichen Adel und dem Recht auf die Anrede »Exzellenz« verbunden. Neben dem ehrwürdigen Goldenen Vlies, dem englischen Hosenband, dem französischen Orden des Heiligen Geistes, dem russischen Sankt-Andreas-Kreuz und dem dänischen Elefantenorden sollte der Schwarze Adler zu den angesehensten Orden des alten Europa gehören. Die Farben des Deutschen Ordens, Schwarz und Weiß, hat Friedrich in seinem Kleinod wiederbelebt, und berühmt geworden ist sein Motto, weil es preußischen Geist sinnfällig zum Ausdruck brachte: Das Suum cuique. »Jedem das Seine« bezeichnete allerdings ein Gerechtigkeitsprinzip, das keine preußische Erfindung war, sondern bis auf Platon, die Stoiker, den älteren Cato und die Lehren der Kirchenväter zurückgeführt werden kann.

Am 18. Januar 1701 fand dann die Krönung im großen Saal des Königsberger Schlosses statt. Auf dem Thron, angetan mit einem Mantel von Purpur und Hermelin, setzte sich Friedrich die Krone selbst auf, nahm Szepter und Reichsapfel, die traditionellen Insignien königlicher Macht. Die Krönung der Königin fand in den Privatgemächern statt. Um den rein weltlichen Charakter des Aktes zu betonen, begab man sich erst danach in die Kir-

Preußenjahr

che, und der Oberhofprediger salbte König und Königin an Stirn und Puls. Die Predigt behandelte am Beispiel Davids die Pflichten der Monarchen, »... daß sie um der Untertanen, nicht die Untertanen um ihretwillen in der Welt sind«.

Friedrich I. war mit diesem Schritt auch dem Vorbild der anderen norddeutschen protestantischen Kurfürsten – von Sachsen und Hannover – gefolgt, die die Königskronen von Polen (um den Preis der Konversion zum Katholizismus) und Großbritannien zu erlangen suchten. Aber während sich diese Würden für Wettiner und Welfen eher als Bürden erwiesen, eröffnete der neue Rang Preußen unerwartete, auch vom ersten preußischen König unerwartete, Perspektiven. Der Enkel, Friedrich der Große, bemerkte dazu:

»Friedrich III. schmeichelte in der Tat nur das Äußere an der neuen Königswürde, der Prunk der Repräsentation und eine gewisse verkehrte Eigenliebe, die andre gern ihre untergeordnete Stellung fühlen läßt. Was aber in seinem Ursprung nur ein Werk der Eitelkeit war, erwies sich in der Folge als ein politisches Meisterstück. Durch die Königswürde entzog sich das Haus Brandenburg der Knechtschaft, in der Österreich damals alle deutschen Fürsten hielt. Es war eine Lockspeise, die Friedrich III. seinen sämtlichen Nachkommen hinwarf, gleichsam als hätte er sagen wollen: ›Ich habe euch einen Titel erworben, macht euch seiner würdig; ich habe die Fundamente eurer Größe geschaffen, ihr müßt nun das Werk vollenden.‹«

Die »Lockspeise« hat ihre Wirkung tatsächlich nicht verfehlt. Preußen brachte in den folgenden Jahrhunderten viele gute und einige außergewöhnliche Monarchen hervor, die seinen Bestand nicht nur wahrten, sondern den mit dem Königtum verbundenen Anspruch überhaupt erst ausfüllten. Dauernden Bestand haben sie der jüngsten europäischen Großmacht trotzdem nicht sichern können. Preußen ist wieder aus der Liste der Staaten gestrichen worden, es blieb nicht einmal der letzte Schatten einstiger Größe wie im Fall Österreichs oder der geschmälerte Bestand wie im Fall Englands und Frankreichs, nicht zu sprechen vom Aufstieg (und Niedergang?) Rußlands.

Trotz dieses Abtretens aus der Geschichte ist die Zahl der Gegner Preußens auch posthum gewaltig. Indes, das »Preußenjahr« 2001 verläuft friedlich. Dem großen Festakt im Berliner Schauspielhaus wohnten mehr als achtzehnhundert Gäste bei, darunter der Chef des Hauses Hohenzollern. Die Initiatoren, das Land Berlin und das Land Brandenburg, werben für vierzehn Ausstellungen und fünfhundert andere Veranstaltungen, für den Besuch »preußischer Orte« (soweit sie auf dem Gebiet westlich von Oder und Neiße liegen) und für die Jubiläumsproduktion der Königlichen Porzellanmanufaktur.

Preußen als *event* soll zwischen 250 000 und 300 000 Touristen zusätzlich in die Region bringen. Aber damit nicht genug. Ein sozialdemokratischer Ministerpräsident und ein christdemokratischer Regierender Bürgermeister sind sich ganz einig in der Auffassung, daß die »preußischen Tugenden« wieder belebt werden müssen, und das Staatsoberhaupt weist mit allem Wohlwollen auf die Überreste des Preußischen hin – Preußisch-Oldendorf und Preußisch-Blau, die »Stiftung Preußischer Kulturbesitz« und Borussia Dortmund – und auch auf die Vorbildlichkeit Preußens: »Toleranz und Reformfähigkeit, Selbstlosigkeit und Bescheidenheit, Staatsnation und Rechtsstaat«. Es ist darüber kein Streit.

Rote Preußen?

Das unterscheidet dieses »Preußenjahr« von jenem anderen, das 1981 stattfand. Damals gab es noch heftige Auseinandersetzungen zwischen Freunden und Feinden, jenen, die den »preußischen Geist« (Karl Carstens) ehrten, und jenen, die glaubten, es sei eine »Warnung vor Preußen«

(Christian von Krockow) nötig. Alle klassischen Urteile und Vorurteile über die preußische Geschichte wurden wieder – wahrscheinlich zum letzten Mal mit solchem Temperament – ins Feld geführt: Gassenlauf, Dreiklassenwahlrecht und Junkerherrschaft gegen Rechtsstaat, Bismarcksche Sozialgesetzgebung und den Philosophen von Sanssouci.

»Preußen« war damals noch nicht so vollständig wie heute verschwunden. Viele aus der älteren Generation hatten lebendige Erinnerungen an preußische Tugenden und Untugenden, viele waren als »preußische Staatsbürger« zur Welt gekommen, einige hatten Erinnerungen an den letzten Kaiser, der auch der letzte preußische König gewesen war. Preußen konnte damals andere Emotionen und Emotionen von anderer Intensität auslösen als heute, obwohl auch 1981 Preußen schon tot war, »... und Totes kann nicht ins Leben zurückgerufen werden« (Sebastian Haffner), – ganz sicher war man sich aber nicht.

Die Heftigkeit der seinerzeit geführten Debatte stand in einem deutlichen Mißverhältnis zur mangelhaften Motivation des »Preußenjahrs« 1981. Es gab kein herausgehobenes Ereignis, dessen man gedenken konnte. Eigentlich handelte es sich bei dem Projekt nur um die Erfindung der Berliner Stadtregierung, die eine große Ausstellung in den eben eröffneten Gropius-Bau holen wollte, nachdem ein anderes Spektakel, der erste Vorstoß, den Reichstag durch Christo verhüllen zu lassen, am Widerstand des Abgeordnetenhauses gescheitert war.

Die dann in hohem Tempo fertiggestellte Exposition »Preußen – Versuch einer Bilanz« sah sich in der Planungsphase vor allem von links angefeindet, weil dort eine Rehabilitierung Preußens gefürchtet wurde, eine Geschichtspolitik mit dem Ziel, die angeblich in der Bevölkerung umgehende »Sehnsucht nach Preußen« (*Der Spiegel*) zu befriedigen. Aber diese Einwände verstummten nach Eröffnung der Schau. Das didaktische Modell ging ganz auf »Entlarvung«, zumindest aber auf »Entmythologisierung« der preußischen Geschichte. Das forderte dann von konservativer Seite mehr oder weniger scharfe Kritik heraus. Im Gropius-Bau, hieß es, werde die »... anatomische Sezierung Preußens durch ein Heer von Gnomen mit großem Eifer betrieben« (Hans Georg von Studnitz).

Wenn es 1981 überhaupt einen sachlichen Grund für das neu erwachte Interesse an Preußen gab, dann lag er in der Irritation der Westdeutschen über die neue Richtung der »Erbe-Politik« der DDR. Auf Weisung Erich Honeckers war im November 1980 das von Christian David Rauch geschaffene Reiterdenkmal Friedrichs des

Großen wieder »Unter den Linden« aufgestellt worden. Ein Vorgang, der nicht nur in Deutschland Aufsehen erregte. Angesichts der üblichen Tiraden des SED-Regimes gegen alles Reaktionäre, und mithin alles Preußische, bestand Erklärungsbedarf.

Das Monument Rauchs hatte den Zweiten Weltkrieg eingemauert und deshalb unbeschadet überstanden, aber am 1. Oktober 1949 verlangte ein übereifriger Leiter des Amtes Museen beim Magistrat von Berlin den Abbruch der Figur, weil der König »… gegen Osten reitet«. Die Zerstörung hätte durchaus in der Linie gelegen, in der Ulbricht mit anderen Überresten der preußischen Vergangenheit verfuhr: 1950 wurden die Reste des Berliner Stadtschlosses gesprengt, mit der Begründung, es sei von Untertanen in »Leibeigenensklaverei« errichtet worden, 1960 folgte das Potsdamer Stadtschloß, acht Jahre später fielen die Reste der Garnisonkirche.

Dem Vorschlag zur Zerstörung des Friedrich-Monuments widersprach allerdings die Ost-Berliner Stadtverordnetenversammlung. Im Sommer 1950 wurde das Denkmal lediglich demontiert und nach Sanssouci verbracht, wo es bis 1963 eingelagert blieb. Danach stellte man es im sogenannten Hippodrom der Potsdamer Schloßanlage auf, bis die überraschende Entscheidung

Honeckers fiel, dem Kunstwerk seinen angestammten Platz zurückzugeben.

Schon kurz zuvor, im Frühjahr 1980, war in der DDR das Buch *Friedrich II. von Preußen* mit einer durchaus differenzierten Würdigung des Herrschers erschienen. Die Verfasserin, Ingrid Mittenzwei, gehörte einer Arbeitsgruppe der Universität Halle an, die sich mit einer Neubewertung des Absolutismus im 17. und 18. Jahrhundert befaßte. In einem Artikel für die Zeitschrift *Forum* hatte sie 1979 den programmatischen Satz geschrieben: »Preußen ist Teil unserer Geschichte«. Mittenzweis Biographie Friedrichs wurde in mehr als 43 000 Exemplaren verkauft, ein für DDR-Verhältnisse sensationeller Erfolg, und Honecker bezog sich ausdrücklich auf dieses Buch, als er der Öffentlichkeit seinen Entschluß über die Zukunft des Denkmals bekanntgab.

Allerdings wollte er seinen Schritt überhaupt nicht als Bruch der bisherigen DDR-Linie in bezug auf die preußische Vergangenheit verstanden wissen, sondern als konsequente Linie der »Erbe-Politik«. Davon konnte aber im Ernst keine Rede sein: Preußen galt bis dahin immer als »Reaktionsregime gegen alle revolutionären und demokratischen Bewegungen« – so noch eine Ende der siebziger Jahre erschienene Darstellung –, eine Aussage, die sich kaum unterschied von der kanonischen Feststellung Alexander Abuschs aus der unmittelbaren Nachkriegszeit: Preußen sei »eine entscheidende ... reaktionäre Quelle des Nazigeistes« gewesen.

Die SED hatte sich zwar immer bemüht, gewisse »fortschrittliche« Teile der preußischen Geschichte aufzunehmen und ihre Repräsentanten zu Vorbildern zu erklären, aber dieses Wohlwollen beschränkte sich auf Reformer wie Stein und Humboldt – nach einem Wort Lenins »die besten Männer Preußens« – und die militärischen Führer der Befreiungskriege. Auch wenn die »Nationale Volksarmee« seit 1952 im Stechschritt paradierte und einige Äußerlichkeiten der preußischen Armeetradition, besonders in der Uniformierung, wahrte, einen Scharnhorst-Orden und einen Theodor-Körner-Preis für wissenschaftlich-literarische Bemühungen um das Militärische verlieh, im allgemeinen hielt man sich an die Verdikte, die vor allem Marx über Preußen ausgesprochen hatte, der gelegentlich äußerte, die Weltgeschichte habe nie »... etwas Lausigeres ... produziert«.

Die Richtung änderte sich mit Beginn der Entspannungspolitik in den siebziger Jahren, die die DDR zu einer deutlicheren ideologischen Abgrenzung von der Bundesrepublik zwang. Damals wurde nicht nur der Bezug auf die deutsche Nation in der Verfassung aufgegeben, sondern auch der Versuch gemacht, eine eigene »sozialistische Nation« mit einem entsprechenden Nationalbewußtsein zu schaffen. Dafür spielte nach wie vor der Rekurs auf »Patrioten« wie Scharnhorst, Gneisenau, Stein, Arndt, Jahn und Schill eine Rolle, aber sukzessive wurde der Kreis auf solche Persönlichkeiten und Einrichtungen der preußischen Geschichte erweitert, die bis dato eben als »reaktionär« gegolten hatten: Die Annäherung begann vorsichtig auf dem Gebiet der Kultur mit der Legitimation der »Akademie der Wissenschaften« als Fortsetzung der »Preußischen Akademie der Wissenschaften«, setzte sich fort mit der besonderen Pflege von Baudenkmälern aus der preußischen Geschichte und der Würdigung von Künstlern wie Knobelsdorff, Schadow, Rauch und insbesondere Schinkel, und endete auch nicht bei der oben skizzierten Neubewertung Friedrichs »des Zweiten«.

In den achtziger Jahren gab es zahlreiche Anstrengungen, bestimmte Aspekte preußischer Geschichte populär zu machen, angefangen bei Spielfilmen über die »Lützower« oder Fernsehserien, die mit erheblichem Aufwand das Leben Gneisenaus in Szene setzten. Schließlich versuchte die SED noch in der letzten Phase ihrer Existenz Bismarck (wegen seiner Haltung gegenüber Rußland) geschichtspolitisch zu integrieren.

Die Partei geriet durch diese Änderungen der ideologischen Linie allerdings in nachhaltige Verwirrung. Anfang der achtziger Jahre wurde die Verunsicherung so groß, daß Kurt Hager als verantwortlicher Sekretär für Kultur und Wissenschaft beim Zentralkomitee der SED eine Klarstellung formulieren mußte. In der DDR gehe es – anders als bei der »reaktionären Preußenwelle in der BRD« – um das »... Bleibende, Positive, Progressive, das auch in der Geschichte Preußens wirkte und zu den Traditionen der sozialistischen deutschen Nation gehört«. Überzeugt hat das wahrscheinlich nur wenige, wie überhaupt die entsprechenden Bemühungen in der mitteldeutschen Bevölkerung kaum auf Resonanz gestoßen sein dürften.

Sowenig wie ein »sozialistisches Nationalbewußtsein« gab es in der DDR eine Renaissance des Preußischen, es sei denn man verstand darunter Mangelwirtschaft, Polizeistaat und Militarisierung. Die Einschätzung Preußens in den neuen Bundesländern ist bei demoskopischen Umfragen bis heute auffallend negativ. Wenn überhaupt etwas populär gewesen war an der SED-Herrschaft, dann der Egalitarismus. Der Widerstand in den neuen Bundesländern gegen jede Infragestellung der Bodenreform von 1946 erscheint mehr als symptomatisch. Die Parole »Junkerland in

Bauernhand« war mehrheitsfähig, ein letztes ideologisches Überbleibsel, das sich erhalten konnte, auch weil es sehr viel ältere, auch antipreußische, Ressentiments bediente.

Entpreußung

Die Fremdheit gegenüber der preußischen Tradition hatte in der Bundesrepublik zwar andere Ursachen als in der DDR, war aber kaum geringer. 1953 veröffentlichte der Herausgeber des *Spiegel*, Rudolf Augstein (unter dem Pseudonym Jens Daniel), ein Buch mit dem Titel *Deutschland – Ein Rheinbund*, in dem er die Befürchtung Walter Rathenaus bestätigte, unter Abzug Preußens sei in Deutschland kein Staat zu machen:

»Inzwischen ist Preußen zerschlagen und sein Kern ist ›von Deutschland abgezogen‹ worden. Das Land östlich der Elbe bäumt sich unter dem Diktat eines unmenschlichen Regimes. In der Bundesrepublik aber, die sich aus der Katastrophe retten konnte, machen sich wieder, wie 1658 schon und 1806, die Fliehkräfte des rheinisch-katholischen Raumes bemerkbar, die sich eher mit den westlichen Siegern als mit dem unterdrückten, ausgepowerten Osten des Vaterlandes gruppieren wollen. Nichts soll geopfert werden, es sei denn das Land östlich der Elbe auf dem Altar eines imaginären West-Europa, das sich nur mit einem geteilten Deutschland verbinden will. Die rheinisch-katholische Landschaft im Verband mit Bayern scheint vielen Leuten als der trächtigere Kulturboden, der ein behäbiges Ministerial-Regiment unter ständiger Stützung durch Kräfte von außen erlaubt. Ein wiedervereinigtes Deutschland dagegen wäre dem Furor des Weltkonfliktes und seinem eigenen Furor schonungslos ausgeliefert. Es gäbe wieder ein freies Spiel der Kräfte im politischen Raum, und Gott behüte, wozu wäre dann der 2. Weltkrieg gut gewesen, der dem deutschen Volk das Recht auf demokratische Selbstbestimmung für immer nehmen sollte, von dem es unter Hitler einen schlechten Gebrauch gemacht hatte? Das halbe Deutschland unwiederbringlich in einem halb-herzigen Europa aufgehen zu lassen, war gegen solche Sorgen ein pfiffiges Rezept. Der Rheinbund von heute hatte sein Mäntelchen.«

Augstein hatte recht, wenn er die Bundesrepublik von einem antipreußischen Affekt bestimmt sah. Zwar gedachte die Post mit Sondermarken bei allfälligen Daten der Stein, Scharnhorst, Clausewitz und sogar Bismarcks, und im Traditionsbestand der Bundeswehr wurden die Reformer ausdrücklich hervorgehoben, aber als 1963 des

Entpreußung

150. Jahrestags der Völkerschlacht bei Leipzig zu gedenken war, verzichtete man wegen des französischen Verbündeten, während es sich die NVA nicht nehmen ließ, an das historische Vorbild deutsch-russischer Waffenbruderschaft zu erinnern. Obwohl »Potsdamdeutsche« (Barbro Eberan) in allen Parteien der Bundesrepublik eine Rolle spielten (Kurt Schumacher und Hermann Kaisen in der SPD, Hermann Ehlers und Jakob Kaiser in der CDU, Thomas Dehler und Erich Mende in der FDP), wurde deren Orientierung an den preußischen Lehren niemals politisch wirksam. Die Überlieferung, daß Konrad Adenauer schon in seiner Zeit als Kölner Oberbürgermeister bei Fahrten in die Reichshauptstadt auf der Höhe von Magdeburg die Vorhänge zuzog, weil bei Braunschweig die »asiatische Steppe« begann, mag nur gut erfunden sein, illustrierte aber sinnfällig die Tendenz des westdeutschen Selbstverständnisses.

Die Wendung gegen alles Preußische war aber vor allem auf die Geschichtspolitik der Nachkriegszeit zurückzuführen. Die resultierte einmal aus dem verständlichen Überdruß an der dauernden Propagierung des preußischen Vorbilds durch die Nationalsozialisten. Schon 1943 hatte der Dichter Gottfried Benn, der eigentlich auf die Seite der rechten Intelligenz zu zählen war, als Wunsch für die Nachkriegszeit notiert: »Ausmerzung jeder Person, die innerhalb der nächsten hundert Jahre Preußentum oder das Reich sagt.« Ganz so weit gingen die praktischen Maßnahmen der Besatzungsmächte nicht, aber die Sieger waren sich doch einig in der Auffassung, daß Preußen die »Wurzel allen Übels« (Winston Churchill) sei, daß ohne »Entpreußung« Restdeutschland immer wieder zur Gefahr für den Weltfrieden werden mußte.

Der Triumph über das NS-System wurde deshalb auch und gerade als Niederwerfung Preußens verstanden, was weiter den symbolischen Ort des ersten Treffens der Sieger bei der »Potsdamer Konferenz« und den Wortlaut des Kontrollratsgesetzes Nr. 46 vom 31. März 1947 erklärt, mit dem der Staat Preußen per Dekret aufgelöst wurde:

»Präambel – Der Staat Preußen, der seit jeher Träger des Militarismus und der Reaktion in Deutschland gewesen ist, hat in Wirklichkeit zu bestehen aufgehört. Geleitet von dem Interesse an der Aufrechterhaltung des Friedens und der Sicherheit der Völker und erfüllt von dem Wunsche, die weitere Wiederherstellung des politischen Lebens in Deutschland auf demokratischer Grundlage zu sichern, erläßt der Kontrollrat das folgende Gesetz: Artikel I Der Staat Preußen, seine Zentralregierung und alle nachgeordneten Behörden werden hiermit aufgelöst ...«

Entpreußung

Die neuen, auf »Umerziehung« der Deutschen ausgerichteten Lehrpläne der Schulen entwarfen dementsprechend ein Bild der Vergangenheit, in dem Preußen möglichst wenig und wenn, dann als unheilvolle Größe vorkam. Aber es gab dagegen in der jungen Bundesrepublik noch wirkungsvolle Opposition. Reminiszenzen an die gemäßigte »borussische Schule« der deutschen Geschichtsschreibung übten einen erheblichen Einfluß aus und sorgten dafür, daß ein um Auswüchse bereinigtes, aber im großen und ganzen doch traditionelles Verständnis der Bedeutung Preußens vorerst erhalten blieb.

Das änderte sich dramatisch mit dem politischen und kulturellen Klimawandel am Beginn der sechziger Jahre. Die sogenannte Fischer-Kontroverse, bei der es um die Frage ging, ob Deutschland neben dem Zweiten auch den Ersten Weltkrieg allein zu verantworten habe, bereitete einen totalen »Umschlag« (Gerhard Ritter) in der Bewertung der preußischen Vergangenheit vor.

Offenkundig wurde das nach dem Machtwechsel von 1969, als auch in Westdeutschland die Bereitschaft wuchs, »fortschrittliche« von »reaktionären« Tendenzen der deutschen Vergangenheit säuberlich zu trennen. Auf welche Seite dabei Preußen gehörte, war nicht zweifelhaft. Anläßlich des hundertsten Jahrestages der Reichsgründung am 18. Januar 1871 beschränkte sich der Bundestag auf eine kurze – vom amtierenden Präsidenten Kai Uwe von Hassel aber würdevoll vorgetragene – Erinnerung an das Ereignis, während Bundespräsident Gustav Heinemann eine Rundfunk- und Fernsehansprache vor allem dazu nutzte, festzustellen, daß Bismarck nicht in die »schwarz-rot-goldene Ahnenreihe« gehöre. Dem Versuch, eine lupenrein demokratische Tradition zu entwickeln, zu der dann die Bauernkriege und die Reformation (bedingt diejenige Luthers), die Aufklärer und die rheinischen Jakobiner, die »Göttinger Sieben«, die Revolutionäre von 1848 und 1918, die staatstragenden Parteien der Weimarer Republik und schließlich noch der Widerstand gegen Hitler (wenn auch mit wachsendem Vorbehalt gegen dessen konservative Orientierung) zählten, blieb allerdings Erfolg versagt, jedenfalls wurde das Konzept kaum populär. Das nicht, weil es wirkungsvollen Einspruch gegeben hätte, sondern weil die neue Linie der Kulturpolitik überhaupt mit dem Abbau von Geschichtskenntnissen einherging. Es gab zwar weiter eine gewisse bildungsbürgerliche Interessiertheit an der Vergangenheit, die man mit den großen Ausstellungen der siebziger Jahre, über die Wittelsbacher, die Staufer oder Karl IV., bediente, aber schon die stärkere pädagogisch-propagandistische Aufla-

Entpreußung

dung der Preußenausstellung von 1981 zeigte die Begrenztheit solcher Ressourcen.

Die gewachsene Feindseligkeit gegen Preußen in der späten Bundesrepublik ging auf die zunehmende Diskrepanz zwischen beiden zurück. Selbstverständlich hatte man für das Wirtschaftswunder »preußische Tugenden« benötigt. Aber nachdem man wieder etwas war, empfand der zivilistische, konsumorientierte, liberale, willentlich und wissentlich »verwestlichte« deutsche Teilstaat alles Preußische als unangenehmes und je länger je mehr unverständliches Erbe. Das erklärt hinreichend, warum am Ende des Preußenjahrs 1981 konstatiert wurde, daß der ganze Aufwand, wenn überhaupt, dann nur von Belang gewesen sei, weil die Beschäftigung mit Preußen unvorhergesehen zum »Hochkommen der deutschen Frage« (Wolf Jobst Siedler) geführt habe.

Tatsächlich erhielt die sehr facettenreiche Identitätsdebatte der achtziger Jahre einen ganz wesentlichen Impuls durch das Preußenjahr, und wie ein seltsamer Nachhall dieser Diskussion wirkte es, als angesichts der Wiedervereinigung laut über die Schaffung eines »Freistaats Brandenburg-Preußen« nachgedacht wurde. Während einige tatsächlich hofften, das neue Deutschland werde »östlicher und protestantischer« (Lothar de Maizière) als die alte Bundesrepublik sein, und andere fürchteten, die geographische Verschiebung und eine Hauptstadt Berlin müßten zum Ausstieg aus der »angelsächsischen Weltzivilisation« (Alexander Gauland) führen, blieb die große Mehrheit der Deutschen solchen Fragen gegenüber gleichgültig.

Die Heimkehr des großen Königs

Was ein großes erstes gesamtdeutsches Ereignis und eine Bezugnahme auf die preußische Überlieferung von außerordentlicher Bedeutung hätte sein können – die Überführung des Sarges von Friedrich dem Großen nach Potsdam – im August 1991, das war letztlich nur ein etwas nostalgisch anmutender Staatsakt mit starker Rücksichtnahme auf das Inszenierungsbedürfnis der Medien. Gerade das hatte Friedrich nicht gewollt, der seine Gruft schon ausheben ließ, bevor der Bau Sanssoucis begann, und in einer testamentarischen Verfügung festhielt:

»Ich habe als Philosoph gelebt und will als solcher begraben werden, ohne Pomp, ohne Prunk und ohne die geringsten Zeremonien. Ich will weder geöffnet noch einbalsamiert werden. Sterbe ich in Berlin oder Potsdam, so will ich der eitlen Neugier des Volkes nicht zur Schau gestellt und am

Die Heimkehr des großen Königs

dritten Tag um Mitternacht beigesetzt werden. Man bringe mich beim Schein einer Laterne, und ohne daß mir jemand folgt, nach Sanssouci und bestatte mich dort ganz schlicht auf der Höhe der Terrasse rechterhand, wenn man hinaufsteigt in einer Gruft, die ich mir habe herrichten lassen.«

Sein Nachfolger, Friedrich Wilhelm II., ist den Wünschen des Onkels nicht gefolgt und befahl die Beisetzung neben dem »Soldatenkönig« Friedrich Wilhelm I. in der Potsdamer Garnisonkirche. Während des Zweiten Weltkriegs, am 20. März 1943, ließ Göring die beiden Särge nach Potsdam-Eiche in eine unterirdische Anlage bringen, um sie vor der Zerstörung zu bewahren. Die entsprechende Weisung hatte allerdings Hitler persönlich gegeben. Er war es auch, der dann anordnete, die Särge vor den anrückenden sowjetischen Truppen nach Westen zu transportieren. Am 13. März 1945 setzte sich ein kleiner Konvoi mit den beiden Särgen und dem Sarg Hindenburgs, der aus dem Reichsehrenmal Tannenberg gerettet worden war, aus Berlin in Bewegung und erreichte einen Tag später den kleinen Ort Bernterode im Eichsfeld. Dort ließ man die Särge in einen stillgelegten Förderschacht mehr als fünfhundert Meter hinab. Der Schacht wurde anschließend vermauert.

Es sei hier wenigstens auf eine kryptische Überlieferung hingewiesen, derzufolge das Wegschaffen der Särge zuletzt nicht ihrer Rettung dienen sollte: Kurz vor der Landung der Alliierten in Süditalien 1943 erging eine Weisung an den deutschen Militärattaché in Rom, die Gebeine Kaiser Friedrichs II. nach Norden zu schaffen. Der Befehl kam aber zu spät. Angeblich sollte der Sarg des Hohenstaufen zusammen mit denjenigen Heinrichs des Löwen, Hindenburgs und der Preußenkönige für den Fall der deutschen Niederlage in einem Autodafé zerstört werden, als Teil des heroischen Untergangs, den Hitler zu inszenieren gedachte. Dokumente, die eine solche Absicht belegen, gibt es aber nicht, nur die Aussage eines Zeitzeugen.

Fest steht in jedem Fall, daß amerikanische Truppen Ende April 1945 Bernterode erreichten und die Vermauerung aufbrechen ließen. Sie bargen die Särge und transportierten sie nach Marburg an der Lahn. Schließlich gab der US-Außenminister Byrnes den Befehl, die Königssärge in aller Heimlichkeit wieder beizusetzen. Von 1946 bis 1952 ruhten Friedrich Wilhelm und sein Sohn im Nordchor der Marburger Elisabethkirche, dann erwirkte der damalige Chef des Hauses Hohenzollern die Erlaubnis, die Särge auf den Stammsitz der Dynastie, die Burg Hechingen, zu bringen, wo sie in der Christus-Kapelle aufgestellt wurden.

Ursprünglich hatte man daran gedacht, die Särge eines Tages wieder in die Garnisonskirche zurückkehren zu lassen, deren Ruine 1952 noch stand, dann schien lange Zeit jede Alternative undenkbar. Seltsamerweise machte Honecker 1986 – im 200. Todesjahr Friedrichs des Großen – einen Vorstoß und schlug Prinz Louis Ferdinand von Preußen persönlich die Überführung nach Potsdam vor, traf aber auf Ablehnung. Erst nach der Wiedervereinigung schien eine Heimkehr der Toten denkbar.

Die negativen Erfahrungen, die der damals amtierende Bundeskanzler Kohl mit allen Formen öffentlicher Erinnerung an die deutsche Vergangenheit gemacht hatte – die sogenannte Affäre von Bitburg war immer noch unvergessen – ließen allerdings eine gewisse Zurückhaltung der staatlichen Seite angeraten scheinen. Offiziell handelte es sich bei dem Transport um eine Privatangelegenheit des Hauses Hohenzollern, erst in Potsdam wurden die mit der Bahn transportierten Särge in die Obhut des Landes Brandenburg übernommen. Das war aber auch das Ende aller Eindeutigkeit, denn dann trat ein Heeresmusikkorps auf und spielte einen Choral, während das Potsdamer Polizeiorchester auf dem Weg durch die Stadt immerhin den Hohenfriedberger Marsch intonieren durfte. Aus lauter Sorge vor dem Ruch des Militarismus hatte man sich bei der Aufbahrung Friedrichs des Großen im Ehrenhof von Sanssouci dazu herbeigelassen, jeweils acht ältere Stabsoffiziere im Dienstrang von Obersten und Oberstleutnanten die Ehrenwache halten zu lassen, aber auch das auf der Basis der Freiwilligkeit, und, wie ein Kommentator nicht ohne Wohlwollen feststellte »... so zivil und unmilitärisch wie möglich« (Peter Jochen Winters). Kohl erschien nur als Privatperson, an der Feierstunde, die das Land Brandenburg veranstaltete, nahm er gar nicht teil.

»Spektakel« war der in der Berichterstattung über den 17. August 1991 am häufigsten verwendete Begriff, manche sprachen auch von »Groteske«, vielleicht traf »sonderbarer Vorgang« (Gustav Seibt) am besten zu. Sonderbar war der Vorgang, weil er einmal mehr die tiefe Unsicherheit und die Unfähigkeit zur geschichtlichen Bezugnahme der politischen Elite zeigte. Es hatte genügt, daß ein Oppositionsführer – der Sozialdemokrat Hans Jochen Vogel – sich an den »Tag von Potsdam« erinnert fühlte und ein Hinterbänkler der Regierungspartei – der Christdemokrat Friedbert Pflüger – einen Zusammenhang zwischen der Beisetzung, der Wiederherstellung der Victoria auf dem Brandenburger Tor samt Eisernem Kreuz und den Gefahren des preußischen Ungeistes herstellte, um fast den allfälligen Hinweis auf die »Reaktionen des Auslands« zu sparen und jede wirklich würdige Form von staatlicher Selbstdarstellung unmöglich zu machen.

Der Historiker Eberhard Straub schrieb damals erbittert:

»Verfassungspatrioten verwerten einmal mehr die deutsche, die preußische Geschichte als ideologischen Steinbruch, wie es ihr sonderbarer Patriotismus verlangt, der Versatzstücke für den grundgesetzlichen Wunderbau zu liefern ›hat‹, in dem sich die ›Fülle der Zeiten‹ prall manifestiert. Ehrenvoll ist dieser selektive Umgang mit der deutschen und der preußischen Geschichte nicht.«

An der selektiven Wahrnehmung Preußens hat sich seither nichts geändert, auch das behagliche Zurechtmachen der Vergangenheit wie im Preußenjahr 2001 kann nicht als verpflichtende oder wenigstens orientierende Wirkung von Überlieferung verstanden werden. Die Berliner Republik ist auch insofern nur die Fortsetzung der Bonner Republik auf erweiterter territorialer Basis, sie krankt an denselben Mängeln.

Die Ehre Preußens

Auf eine merkwürdige Weise tritt diese Kontinuität manchmal ins Bewußtsein. Zu den wenig beachteten Beiträgen zum Preußenjahr 2001 dürfte ein Aufsatz des Historikers Julius H. Schoeps in der *Zeitschrift für Religions- und Geistesgeschichte (ZRGG)* sein. Die *ZRGG* war eine Gründung von Schoeps' Vater, Hans-Joachim Schoeps, und sollte als Organ der von jenem besonders favorisierten Form der historischen Forschung dienen, eben der »Religions- und Geistesgeschichte«. In dem erwähnten Beitrag wird der Frage nachgegangen, warum die *Zeitschrift für Religions- und Geistesgeschichte* praktisch der einzige Rest dessen ist, was Hans-Joachim Schoeps geschaffen hat, der in den beiden ersten Nachkriegsjahrzehnten zu den einflußreichsten, zumindest zu den am meisten gelesenen Historikern in Westdeutschland gehörte. Vor allem sein Buch *Preußen. Geschichte eines Staates* prägte Generationen von Schülern und Studenten, interessierten Laien und Wissenschaftlern.

Schoeps wurde am 30. Januar 1909 in Berlin geboren. Er kam als Sohn eines renommierten Berliner Arztes zur Welt, studierte nach dem Schulabschluß in Heidelberg, Marburg, Berlin und Leipzig

Die Ehre Preußens

Germanistik, Geschichte und vergleichende Religionswissenschaft. 1932 wurde er zum Dr. phil. promoviert. Gleichzeitig hatte er ein Erstes Staatsexamen abgelegt, konnte aber im folgenden Jahr wegen den veränderten politischen Umständen nicht mehr in das Referendariat eintreten; aus denselben Gründen scheiterte auch der Versuch, sich zu habilitieren.

Schoeps war sehr frühzeitig mit der Jugendbewegung in Berührung gekommen und hatte auch Kontakt zu verschiedenen Gruppen der »Konservativen Revolution«. Die betrafen vor allem den Kreis um *Die Tat*, in der 1930 ein erster im eigentlichen Sinn politischer Aufsatz aus seiner Feder erschien, und dann das Umfeld der Zeitschrift *Der Ring*, die sehr stark durch Gedankengänge Moeller van den Brucks geprägt war. Schoeps' Affinität zu den Jungkonservativen rührte vor allem aus seinem eigenwilligen Verständnis der Trias Judentum – Preußentum – Deutschtum her, das er sich sehr frühzeitig ausgebildet hatte. Obwohl er in der Praxis zu gemäßigten Positionen neigte (er unterstützte Brüning beziehungsweise die Volkskonservative Partei, eine Abspaltung der DNVP nach der Machtübernahme Hugenbergs), vertrat er in weltanschaulichen Fragen den radikalen Standpunkt eines »theonomen Konservatismus«. Wie sich an einem in Briefform geführten

Streitgespräch mit Hans Blüher zeigte, das noch 1933 unter dem Titel *Streit um Israel* als Buch veröffentlicht wurde, betonte Schoeps einerseits sein Deutschtum im Sinne des preußischen Staatsethos, andererseits seine jüdische Identität. Diese verstand er allerdings nicht im zionistischen Sinn – das jüdische »Weltvolk« war seiner Meinung nach im Jahre 70 mit der Zerstörung des Tempels und Jerusalems untergegangen –, sondern theologisch, wobei er neben dem Bundesschluß am Sinai auch die Möglichkeit anerkannte, daß Gott mit anderen Völkern ähnliche Bünde abgeschlossen habe.

Diese Auffassung ähnelte sehr stark der in den zwanziger Jahren gerade von lutherischen Theologen entwickelten »Volksnomoslehre« und führte Schoeps ebenso wie seine politischen Vorstellungen in eine weltanschauliche Position zwischen allen Fronten. So erklärt sich auch seine Bemühung nach der nationalsozialistischen Regierungsbildung, für die deutschen Juden eine selbständige Position als »Stand« zu erreichen, weshalb er von den Regierungsstellen ebenso wie von den an »Dissimilation« interessierten Zionisten wie von der Emigration mit Feindseligkeit verfolgt wurde.

Der von Schoeps zu Ostern 1933 gegründete »Vortrupp. Gefolgschaft deutscher Juden« sollte zusammen mit anderen konservativen jüdischen Organisationen, vor allem dem »Nationalverband deutscher Juden«, trotz der dauernden Zurückweisung, die patriotische Einsatzbereitschaft der verfemten Minderheit demonstrieren, hatte damit aber keinen Erfolg. Im Dezember 1938 mußte Schoeps fluchtartig das Land verlassen und emigrierte nach Schweden. Seine Eltern kamen in den Lagern ums Leben, sein Vater, der während des Ersten Weltkriegs als Regimentsarzt der *Garde du Corps* gedient hatte, konnte bis zum Schluß nicht glauben, daß eine »nationale Regierung« Hand an ihn und seine Familie legen würde.

Die erzwungene Muße im skandinavischen Exil nutzte Schoeps, um seine Studien zur vergleichenden Religionsgeschichte fortzusetzen. Den häufig kommunistisch orientierten Organisationen des Exils stand er mit Ablehnung gegenüber. Unermüdlich versuchte er klarzustellen, daß Deutschland und das NS-Regime nicht identisch seien. Insofern war es nur konsequent, daß er unmittelbar nach Kriegsende in das zerstörte Deutschland zurückkehrte. Er habilitierte sich 1946 in Marburg und wurde ein Jahr später auf den eigens geschaffenen Lehrstuhl für Religions- und Geistesgeschichte an der Universität Erlangen berufen, zeitgleich begann er mit der Herausgabe der *Zeitschrift für Religions- und Geistesgeschichte.*

Schoeps Vorstellung von »Geistesgeschichte« knüpfte zwar einerseits an Dilthey an, verstand

Preußenjahr

sich aber darüber hinausgehend als »Zeitgeistforschung«. In mehr als drei Jahrzehnten publizierte Schoeps zahreiche Monographien und Sammelwerke auf diesem Gebiet. Dabei zeichneten sich sehr deutlich zwei Schwerpunkte ab: die Geschichte des Urchristentums – insbesondere der »Judenchristen« – und die Geschichte des preußischen Staates, vor allem seiner konservativen Denker. Dieses Interesse am »anderen Preußen« hing vor allem mit der Sympathie zusammen, die Schoeps nach wie vor der konservativen preußischen Tradition entgegenbrachte. Fast alle seine politischen Stellungnahmen in der Nachkriegszeit müssen aus diesem Zusammenhang heraus verstanden werden.

Bereits mit seiner Rede zum 250. Jahrestag der ersten preußischen Königskrönung, dem 18. Januar 1951, über »Die Ehre Preußens« (so der Titel der gedruckten Fassung) sorgte er für Aufsehen. Einleitend hieß es:

»Ich möchte mit der Feststellung beginnen, daß wir eines teuren Toten hier gedenken, der, vom Strome der Geschichte zum Licht getragen, in diesen Strom wieder zurückgetaucht ist. Staaten werden immer nur durch die Kräfte getragen und erhalten, durch die sie geschaffen worden sind. Preußen war ein königlicher Staat, und darum mußte Preußen sterben, als sein Königtum dahinstarb. Preußen hat am 9. November 1918 zu bestehen aufgehört und nicht erst 1933 oder gar 1945. Als durch Beschluß des Alliierten Kontrollrates vom 25. Februar 1947 der Staat Preußen, dessen Stammlande damals aber zum großen Teil unter fremder Herrschaft standen, offiziell aufgelöst wurde, haben alle alten Preußen dies als einen seltsamen Akt der Leichenschändung empfunden.«

Eine ähnlich irritierende Wirkung wie das Plädoyer eines deutschen Juden für den preußischen Staat hatten auch Schoeps' später erhobene Forderung nach Einrichtung eines »Oberhauses« aus ernannten Vertretern und sein Vorschlag zur Wiederherstellung der Monarchie. Je weiter sich dann die Linkstendenzen in den sechziger Jahren verstärkten, desto schärfer wurde Schoeps im Ton und desto weniger schützte ihn seine jüdische Herkunft. Die Angriffe kamen dabei von verschiedenen Seiten: einmal von dem notorischen Arie Goral, der Schoeps in einem Flugblatt wegen seiner Bemühungen um den jüdischen »Stand« als »braunen Juden« beschimpfte, und zum anderen von der APO, die endlich eine Handhabe gegen den Konservativen gefunden hatte, der schon verschiedentlich energische Maßnahmen zur Abwehr des neuen linken Extremismus verlangt hatte, und sich jetzt als »erfahrener Faschist«, »Nazi-Jude«

oder »jüdischer Obersturmbannführer« verunglimpft sah.

Auf Unterstützung brauchte Schoeps in dieser Lage nicht zu hoffen. Die philosophische Fakultät seiner Universität hatte schon 1968 eine Solidaritätserklärung mit 33 gegen 5 Stimmen abgelehnt. Der »Fall Schoeps« erregte bundesweit Aufsehen und zog jetzt Angriffe auch in der überregionalen Presse, etwa in *Zeit* und *Spiegel*, nach sich. Schließlich nahm sogar das Verteidigungsministerium die Vereinbarung über eine Sonderausgabe der preußischen Geschichte für die Bundeswehr zurück, und Schoeps geriet in den folgenden Jahren immer weiter in die Isolation.

In dem erwähnten Aufsatz von Julius H. Schoeps wird nun auf die besonders bitteren und bis dahin verborgenen Aspekte dieser letzten Lebensphase hingewiesen. Als Schoeps im Wintersemester 1976 / 77 zur Emeritierung anstand, versuchte er alles, um eine geplante Umwidmung seines Lehrstuhls zu verhindern. Im Rahmen der Vereinbarung zwischen der katholischen Kirche und dem bayerischen Staat über die sogenannten Konkordatslehrstühle war geplant, an die Stelle der Erlanger Professur für Religions- und Geistesgeschichte eine solche für Politische Wissenschaften treten zu lassen. Alle Versuche von Schoeps, das – und damit die Beschädigung seiner intellektuellen Hinterlassenschaft – zu verhindern, schlugen fehl, bis es ihm gelang, durch direkte Intervention bei der bayerischen Regierungsspitze wenigstens zu erreichen, daß die Geistesgeschichte im Rahmen der künftigen Lehrveranstaltungen einen besonderen Schwerpunkt bilden sollte. Es war schon früher bekanntgeworden, daß dieses Zugeständnis nur gegen den hartnäckigen Widerstand der Fakultät (und einer bestimmten Fraktion im bayerischen Kultusministerium) zu erreichen gewesen war.

Jetzt wurde in der Öffentlichkeit bekannt, daß darüber hinaus nach dem Tod von Schoeps, am 8. Juli 1980, das bis dahin noch bestehende »Seminar für Religions- und Geistesgeschichte« liquidiert, Schoeps' Lehrstuhl eingezogen beziehungsweise umgewidmet und 1994 sogar die Bibliothek – darunter neunhundert von den Erben leihweise übergebene Titel – an ein Antiquariat verkauft wurde.

In einer 1976 von Schoeps veröffentlichten und noch einmal mit großer Resonanz aufgenommenen Abhandlung unter dem Titel *Was war Preußen?* hieß es im Schlußpassus:

»Die ›Überwindung der Massengesellschaft‹ wird in unserem Geschichtsraum vielleicht überhaupt nur noch vom Geist, von den Ideen und Institutionen des Preußentums her möglich sein.

Denn Preußen war der einzige deutsche Staat, der mehr als ein Staat war, mit dem sich eine Idee verknüpft hat, durch die Menschen gebunden wurden und noch heute gebunden werden können. ... Derlei ist heute vollkommen unzeitgemäß – aber gefordert. Gerade die Unzeitgemäßheit ist paradoxerweise die größte Chance für Preußens Wiederkehr. Erst in der Zukunft wird man das klar erkennen können.«

Man hat Hans-Joachim Schoeps immer wieder seine unkritische Haltung gegenüber der preußischen Vergangenheit vorgeworfen, seinen anachronistischen Royalismus, und auch viele Wohlwollende glaubten, daß er sich zu sehr nach Schnallenschuh und Perücke am Hof zu Sanssouci sehnte. Aber das alles trifft nicht den Kern der Sache. Hier hat einer mit bemerkenswerter Unbeirrbarkeit nicht nur daran festgehalten, daß es möglich sein müsse, Deutscher *und* Jude, Preuße *und* Jude zu sein, sondern auch darauf beharrt, daß »unser armes Land« seine Wunden heilen lassen sollte, und daß ohne die preußische Substanz staatliche Existenz gar nicht möglich ist. Damit war er in der ersten Nachkriegszeit durchaus repräsentativ für eine starke Minderheit der Deutschen, die eine Totalrevision der Geschichte für unwahrscheinlich hielt, dann akzeptabel, weil ihm Herkunft und Schicksal einen gewissen Schutz gewährten, schließlich einsam wie jeder, der im Ernst auf dem Wert der preußischen Lektion beharrte.

Preußischer Anarchismus

Es soll diese einleitende Betrachtung mit einer persönlichen Reminiszenz abgeschlossen werden: Erinnerung an eine Begegnung am Rand einer Veranstaltung, die zwar auch im Jahr 2001 stattfand, aber gar nichts mit dem Preußenjahr zu tun hatte. Der junge Mann war schon von der Erscheinung auffällig, groß – »hünenhaft« hätte man früher gesagt –, helles Haar, markantes Gesicht. Man kommt ins Gespräch, beginnend mit der obligatorischen Frage nach Herkunft und Beruf, die Antworten sind knapp: »Erfurt« und »Soldat«. Im Lauf der Unterhaltung zeichnet sich ein Lebenslauf ab: herangewachsen in der DDR, nach dem Ende der Schulzeit und dem Abitur Meldung zur NVA, Ausbildung zum Unteroffizier, dann Entscheidung für die Offizierslaufbahn.

Der Westdeutsche zögert und fürchtet schon irgendeine rechtfertigende Floskel, aber die bleibt aus. Ganz nüchtern wird erklärt, daß der Entschluß, in die Bundeswehr überzutreten, der Einsicht geschuldet war, daß man das »Handwerk«

des Soldaten eben am besten beherrsche. »Soldatenhandwerk« ist ein ganz außer Gebrauch gekommener Begriff und man fragt sich erstaunt, was damit wohl gemeint sein könnte. Auch das wird dargelegt, ganz ohne Prätentionen: Es gehe um die Führung der Truppe, um das Vertrauensverhältnis zu den Untergebenen, um das Einüben der Abläufe, die Vorbereitung für den Ernstfall, »... wenn nichts mehr da ist«. Und darüber hinaus? Wem fühlt er sich verpflichtet? Dem Volk? Dem Grundgesetz? Einer Werteordnung?

Die Antwort kommt fast unwillig. Er habe sehr lange gebraucht, um zu verstehen, daß man das nicht wolle, was er könne. Die eigene Einheit »in Schuß« zu haben, in den Soldaten den Ehrgeiz zu wecken, bessere Leistungen zu erbringen und sich den Kameraden und ihrem Vorgesetzten verantwortlich zu fühlen, das gelte doch keinem mehr etwas. In dieser Armee komme es auf ganz andere Dinge an, aber die hätten nichts mit »dem Soldatischen« zu tun. Doch das werde ihn nicht hindern, weiter zu tun, was richtig sei, und sich bereitzuhalten, wenn sich zeigen sollte, daß alles, was heute stehe, nur auf tönernen Füßen stehe.

Die ganze Unterhaltung verlief in einem sehr ruhigen Ton, es wurde kein Aufhebens gemacht, es fehlte sogar das Kokettieren mit der düsteren Perspektive, das sonst Unheilspropheten auszeichnet. Der Typus des jungen Offiziers ist ungewöhnlich, wirkt heute sicher in jeder Umgebung »zu deutsch«, man könnte auch sagen »zu preußisch«. Preußisch in einem merkwürdigen, wenn man so will überzeitlichen Sinn, denn an das historische Preußen hat er keine Erinnerung, und es war seinen Äußerungen auch nicht zu entnehmen, daß er sich durch die preußische Tradition besonders gebunden fühlte. Preußisch eher in der Bedeutung, die das Wort im Zusammenhang mit Ernst Jüngers Rede vom »preußischen Anarchisten« hatte. Im Schlußteil der ersten Fassung seines *Abenteuerlichen Herzens* hieß es:

»... es ist die höchst seltsame Erscheinung des preußischen Anarchisten möglich geworden, ... der, allein mit dem kategorischen Imperativ des Herzens bewaffnet und nur ihm verantwortlich das Chaos der Gewalten nach den Grundmaßen neuer Ordnungen durchstreift«.

Der »preußische Anarchist« ist eine der wenigen Möglichkeiten preußischer Existenz nach dem Tod Preußens geblieben. Preußen ist schon oft für tot erklärt worden: nach der Niederlage bei Jena und Auerstedt 1806, nach der Gründung des Kaiserreichs 1871, nach dem Ende der Monarchie 1918, nach dem »Preußenschlag« von 1932 und endgültig nach dem Kontrollratsbeschluß von 1947. Heute ist Preußens wesentlicher territorialer Bestand mit den alten ostdeutschen Provinzen verloren, seine führende Schicht dezimiert und entmachtet, seine Ordnung vergessen. Insofern behielt Napoleon recht, der Preußen als eine »Episode« in der Geschichte Europas betrachtete.

Ein anderer Franzose, Charles de Gaulle, gab dem Satz Napoleons nach dem Zweiten Weltkrieg noch eine andere Wendung, als er formulierte: »Ohne Preußen ist Deutschland kein Staat«. Es schwang darin Erleichterung mit, die Erleichterung eines Mannes, der sich von einem Alb befreit wußte, aber auch die Einsicht in den Mangel an staatsbildender Gesinnung in Deutschland jenseits der preußischen Tradition.

Die preußische Dimension:
geographisch

»Ohne Karten kann man nicht Krieg führen!« Dieser Satz Friedrichs des Großen wirkt wie eine Platitüde, war aber revolutionär, als er 1756, zu Beginn des Siebenjährigen Krieges, formuliert wurde. Bis zum Ersten Weltkrieg scheute man sich in vielen Armeen Europas, Offiziere, zumal nachgeordneter Truppenteile, mit Karten auszurüsten. Die Arbeit der Landesaufnahme galt als streng geheim, und nur der militärischen Spitze sollten ihre Ergebnisse zur Verfügung stehen. In Preußen kannte man solche Vorbehalte nicht, was einmal der Weitblick des *roi-connétable* erklärt, aber auch zurückzuführen ist auf die Besonderheit der preußischen Existenz: Sie war in hohem, jedenfalls in höherem Maß als die anderer Staaten von der Geographie abhängig.

Über die »preußische Dimension« zu sprechen, heißt also zuerst, die Lage Preußens im Raum zu behandeln. Diese Lage war im Laufe der Zeit Veränderungen unterworfen, trotzdem kann man

Die preußische Dimension: geographisch

Konstanten ausmachen. Die wichtigste ist die Mittellage Preußens, das in Ost-West-Richtung »eingekreist« war durch Frankreich und Rußland, in Nord-Süd-Richtung von Schweden und Österreich; der allmähliche Niedergang der schwedischen Stellung im 18. Jahrhundert hat an dieser Situation relativ wenig geändert, da das Zarenreich dessen Erbe im Baltikum antrat.

In seinem *Politischen Testament* von 1752 schrieb Friedrich: »Wie Ihr seht, macht uns diese geographische Lage zu Nachbarn der größten europäischen Herrscher. Alle diese Nachbarn sind ebenso viele Neider oder geheime Feinde unserer Macht.« Alle diese Nachbarn waren Großmächte durch ihren territorialen Umfang, durch die Stärke ihrer Bevölkerung oder durch ihr wirtschaftliches Potential. Nichts davon traf auf Preußen zu. Ohne natürlichen Reichtum und ohne »natürliche« Grenzen, für lange Zeit ohne durchgehende Verbindung zwischen den einzelnen Provinzen, spätestens seit dem Beginn des 17. Jahrhunderts ebenso potentieller Verbündeter wie potentielles Opfer seiner Nachbarn, war die Existenz Preußens immer eine prekäre.

Den Zeitgenossen galt noch die außergewöhnliche Leistung des Großen Kurfürsten als »zeitliches Werk«, im Siebenjährigen Krieg wurde zuletzt nicht um den Besitz Schlesiens und nicht einmal um die zukünftige Stellung Preußens, sondern um dessen Dasein gefochten. Frankreich war zum Bündnis mit seinem Erbfeind Österreich bereit, um den *petit Marquis de Brandebourg* zu vernichten, und Rußland wollte seine Hand auf Ostpreußen legen und den Zugang der sogenannten *pivot-area* (John Halford Mackinder), des eurasischen »Drehpunktraums«, ganz unter seine Kontrolle bringen. Ziele, die sich bis 1763 nicht, aber bis 1945 erreichen ließen. Noch am Beginn des 19. Jahrhundert schien die Existenz Preußens für das europäische Staatensystem ganz verzichtbar, am Ende des Zweiten Weltkriegs sollte die jüngste europäische Großmacht wieder aus der Geschichte getilgt sein.

Der Aufstieg Brandenburg-Preußens

»Die zentrale oder Mittellage ist in der Stärke ebenso gewaltig wie in der Schwäche bedroht, fordert zum Angriff und zum Widerstand heraus ... Für viele Vorteile nimmt die zentrale Lage immer den Nachteil der Gefährdung in den Kauf.« Diese Feststellung des »Vaters« der Geopolitik, Friedrich Ratzel, will für den preußischen Fall nur bedingt einleuchten. Über die längste Zeit seiner Geschichte ist nicht zu erkennen, worin die »gewaltige Stärke« oder allgemeiner die »Vorteile« der Lage Preußens hätten bestehen sollen. Seine Kerngebiete, Brandenburg und (Ost)Preußen lagen in der Entstehungszeit des preußischen Staates räumlich getrennt voneinander, ihre Geschichte entwickelte sich unabhängig auf verschiedenen Wegen.

Brandenburg, das zu Beginn des 12. Jahrhunderts als Mark gegen die Slawen gegründet worden war, erlebte eine kurze Blüte unter den Askaniern und sank dann in Vergessenheit. Als die »Streusandbüchse« des Heiligen Römischen Reiches 1415 an die Hohenzollern kam – ein landfremdes Geschlecht, ursprünglich aus dem Schwäbischen stammend, dann in Franken ansäßig –, konnte sich niemand vorstellen, daß daraus einmal die Basis für den deutschen Kernstaat und eine europäische Großmacht werden sollte. Dem Burggrafen Friedrich von Nürnberg war das »verlorene Land« übergeben worden, »... es wieder in ein redlich Wesen zu bringen«. Mehr als zweihundert Jahre lang mußten sich die neuen Herren nicht nur gegen äußere Feinde, sondern mehr noch gegen den renitenten Adel behaupten, bis es dem Großen Kurfürsten gelang, die Anfänge brandenburgisch-preußischer Staatlichkeit zu etablieren.

Die Kurmark gehörte im 17. Jahrhundert zu jenen Ländern mittlerer Größe, die die faktische

Der Aufstieg Brandenburg-Preußens

Souveränität der Reichsstände dazu nutzen konnten, politisches Gewicht zu erlangen. Friedrich Wilhelm, vom Niederrhein bis zur Memel interessiert, war vor allem darauf aus, den Gebietsstand Brandenburgs zu erweitern. Energisch und bedenkenlos knüpfte er Verbindungen zu den wichtigsten Staaten seiner Zeit – Österreich, den Generalstaaten, England, Frankreich, Schweden und Polen – und trat den Mächtigen von gleich zu gleich entgegen. Er wechselte ohne Skrupel die Allianzen und folgte entschlossen der neuen Lehre von der *raison d' état*, der »Staatsvernunft«. Auch mit dem gerade aufstrebenden Rußland suchte Friedrich Wilhelm Verbindung, als er 1675 einen Alliierten gegen Schweden brauchte, aber die Erfahrungen waren bitter. Nach dem Zeugnis seines Urenkels soll er geäußert haben:

»... die Moskowiter seien wie Bären, die man nicht von der Kette losmachen dürfe, weil zu fürchten sei, daß man sie nicht wieder an die Kette legen könne«.

Das brandenburgische »Wechselfieber«, wie es die Zeitgenossen nannten, beruhte nicht auf einer überlegenen Strategie, sondern war die Konsequenz politischer Schwäche. Der Hohenzollernstaat mußte die Verbündeten dort suchen, wo er sie fand, selten konnte er die Bedingungen des Zusammengehens bestimmen. Man hat die Bemü-

Die preußische Dimension: geographisch

hungen des Großen Kurfürsten um die territoriale Erweiterung seines Gebietes mit der Arbeit des Sisyphos verglichen, so vergeblich waren alle Versuche, über das hinaus zu gelangen, was bereits 1648 durch den Erwerb Hinterpommerns erreicht war. Zwar gelang es im schwedisch-polnischen Krieg von 1655 bis 1660 die polnische Lehenshoheit über Preußen abzuschütteln, doch der folgende Kampf gegen das gerade noch alliierte Schweden war kräftezehrend. Friedrich Wilhelm schlug die in die Mark eingefallenen Schweden 1675 bei Fehrbellin, aber das ganze Pommern, auf das er seit 1648 Anspruch erhob, erlangte er nicht. Auf Druck Frankreichs mußten seine Soldaten alle von ihnen besetzten Gebiete in Schwedisch-Vorpommern wieder räumen. In diesem Fall war der Kurfürst der Düpierte, hatten ihn am Schluß doch alle Verbündeten verlassen. In seinem *Politischen Testament* von 1667 vermerkte er schon:

»Alliancen seindt zwahr gutt, aber eigene Krefte noch besser, darauf kann man sich sicher verlassen«.

Der geographische Mittelpunkt Brandenburgs lag zu dieser Zeit im Berliner Raum, an Havel und Spree. Das Kerngebiet erstreckte sich zwischen der ans Niedersächsische grenzenden Altmark und der Neumark, die im Osten bis zu Warthe und Netze reichte. Allerdings waren schon unter einem Vorgänger des Großen Kurfürsten Kleve, Mark und Ravensberg im Westen Deutschlands an die Hohenzollern gegangen. Im Vergleich zu den übrigen Territorien handelte es sich um wohlhabende Regionen. Es war der schließlich allein verbliebene Gewinn Hinterpommerns deshalb bedeutungsvoll, weil Brandenburg nun auch als Ostseeanrainer auftrat und die Möglichkeit einer Anbindung des bis dahin abgetrennten preußischen Herzogtums denkbar schien.

Zu diesem Zeitpunkt erinnerte kaum noch etwas an den alten Ordensstaat. Daß zu Beginn des 13. Jahrhunderts der Slawenfürst Konrad von Masowien die Deutschherren ins Land geholt hatte, um die Pruzzen zu bekämpfen und zu missionieren, daß dem aus dem Heiligen Land vertriebenen Orden in der Goldbulle von Rimini 1226 durch Kaiser Friedrich II. das Kulmer Land nebst allen Eroberungen zu Besitz gegeben worden war, daß hier schon in der Zeit der Hohenstaufen die östliche Grenze des späteren Deutschen Reiches gewonnen und im Ordensstaat der »Eckpfeiler Europas« (Walter Hubatsch) errichtet wurde, das alles hatte man ebenso vergessen wie die erfolgreiche Expanison des Ordensstaates: Bereits im Frühjahr 1231 konnte eine Gruppe von Kriegern die Weichsel überschreiten und weiter in pruzzisches Gebiet eindringen, aber erst 1283 war

Die preußische Dimension: geographisch

der letzte Widerstand beseitigt. Im Bündnis mit den Schwertbrüdern aus Livland unterwarf der Deutsche Orden den Raum zwischen Weichsel und Memel – das eigentliche preußische Kerngebiet –, dann aber auch das Baltikum bis hinauf zur Narwa und zum Peipussee.

Im 15. Jahrhundert begann der Niedergang. Der Ordensstaat, der gerade noch mit dem Erwerb Estlands, der Besetzung Gotlands und der Pfandnahme der brandenburgischen Neumark seine größte Ausdehnung erreicht hatte, war dem Druck des neu entstandenen polnisch-litauischen Großreichs nicht gewachsen. Nach der Niederlage von Tannenberg 1410 machten sich auch Zeichen des inneren Verfalls bemerkbar. Ständische Sonderinteressen verführten die reich gewordenen preußischen Städte zur Annäherung an die polnische Krone. 1454 brach erneut Krieg aus, der dreizehn Jahre dauerte und mit dem Zweiten Thorner Frieden endete, in dem der Hochmeister Pomerellen, das Kulmer Land, Ermland, Elbing und die Marienburg an Polen abtreten und für den verbleibenden Rumpfstaat die polnische Lehenshoheit anerkennen mußte. Der Sitz des Ordens wurde von der Marienburg nach Königsberg verlegt.

Die Geschichte des Ordensstaates endete allerdings erst, als 1525 der letzte Hochmeister, Albrecht von Hohenzollern-Ansbach, auf die Seite der

Reformation übertrat und sich entschloß, das Restgebiet des Ordenslandes in ein weltliches Herzogtum umzuwandeln. 1618 fiel Preußen nach dem Tod des letzten Herrschers aus dieser Linie an die Kurfürsten von Brandenburg, die es als Vasallen der polnischen Krone nahmen. Wie erwähnt, gelang es erst dem Großen Kurfürsten, die Lehenshoheit abzustreifen.

Die Etablierung einer Großmacht

Johann Gustav Droysen hat den Großen Kurfürsten den »zweiten Gründer« des Hohenzollernstaates genannt und damit gemeint, daß Friedrich Wilhelm dem von der Vernichtung oder doch dem Versinken in Bedeutungslosigkeit bedrohten Brandenburg-Preußen zu einer neuen Machtbasis verholfen habe. Allerdings sah es beim Tod des Fürsten 1688 nicht so aus, als werde der von ihm eingeschlagene Weg fortgesetzt. Auch unter seinen beiden Nachfolgern blieben die von den Hohenzollern regierten Staaten geographisch getrennt. Erst 1772 sollte Friedrich dem Großen das *corriger la figure de la prusse* gelingen, indem er die Lücke durch den Erwerb Westpreußens vollständig schloß. Bei seinem Vater Friedrich Wilhelm I., dem »Soldatenkönig«, wird man so etwa wie eine außenpolitische Konzeption vergeblich suchen. Fast bis zum Schluß pflegte er eine altertümliche Reichstreue und wandte sich erst in seiner letzten Zeit gegen das Haus Habsburg. Einzig der Erwerb von Stettin und Vorpommern bis zur Peene samt den Inseln Usedom und Wollin gelang ihm bei Ende des Zweiten Nordischen Krieges.

Die Gründe für die außenpolitische Zurückhaltung Friedrich Wilhelms I. hatten aber auch tiefere Ursachen. Der friedliche Militarist mahnte seinen Nachfolger im *Politischen Testament* von 1722:

»... ich bitte Euch keinen ungerechten Krieg anzufangen, denn Gott hat ungerechte Kriege verboten und ihr müßt immer Rechenschaft ablegen für jeden Menschen, der in einem ungerechten Krieg gefallen ist.«

Neben diesem oft zitierten Satz findet sich in dem Dokument aber auch der Hinweis: »Der Kurfürst Friedrich Wilhelm hat das rechte Flor und Aufnehmen in unser Haus gebracht, mein Vater hat die königliche Würde erworben, ich habe das Land und die Armee in Stand gesetzt; an Euch, mein lieber Sukzessor, ist, was Eure Vorfahren angefangen, zu behaupten und die Praetentionen und Länder herbeizuschaffen, die unserem Hause von Gott und Rechts wegen zugehören.«

Die Etablierung einer Großmacht

Mit den »Ländern«, die den Hohenzollern zustünden, meinte Friedrich Wilhelm I. vor allem die westdeutschen Gebiete Jülich und Berg. Bei dem Versuch, sich in den Besitz dieser Territorien zu bringen, war er noch 1738 nicht nur auf den Widerstand des Kaisers und der Niederlande getroffen, die Kleinstaaten als Nachbarn vorzogen, auch Frankreich und England hatten interveniert. Frankreich sah mit Sorge eine stärkere Militärmacht an der Rheinlinie, England fürchtete die Umklammerung des in Personalunion mit England regierten Kurfürstentums Hannover durch preußisches Gebiet. Friedrich Wilhelm war zurückgewichen, und sein Sohn hielt eine Wiederaufnahme der Bemühungen in diese Richtung für wenig aussichtsreich. Er wendete sein Interesse auf Schlesien, wo die Ansprüche Preußens zwar schlechter begründbar waren, aber bei Einsatz militärischer Mittel ungleich größere Aussichten auf Verwirklichung hatten.

Friedrich glaubte nicht nur den traditionellen Antagonismus der Dynastien Bourbon und Habsburg sowie den weltpolitischen Gegensatz zwischen England und Frankreich ausnutzen zu können, er rechnete auch mit der Verunsicherung, die durch den Tod der Zarin Anna und Kaiser Karls VI. eingetreten war. Das Eingreifen Rußlands schien unwahrscheinlich, die Schwäche

Die preußische Dimension: geographisch

Österreichs offensichtlich, trotz der Pragmatischen Sanktion, die auch der »Soldatenkönig« anerkannt hatte. In einem blitzartigen Gewaltstreich griff Friedrich Schlesien an und unterwarf es in kurzer Zeit. Nach dem Ende des Ersten Schlesischen Krieges 1742 versuchte Österreich zwar rasch im Zweiten Schlesischen Krieg von 1744/45 eine Revision, aber ohne Erfolg. Noch für die Teilnahme Österreichs am Siebenjährigen Krieg, 1756–1763, spielte die Vorstellung eine Rolle, man könne die wertvolle Provinz zurückgewinnen. Allerdings ging auch hier die Initiative von Friedrich aus. In zehn Friedensjahren hatte er alle wirtschaftlichen Mittel genutzt, um seine militärische Schlagkraft zu erhöhen. »Manche Länder haben ein längeres Schwert als Preußen, aber keines kann es so schnell aus der Scheide ziehen«, wird der englische Historiker Thomas Carlyle, ein rückhaltloser Bewunderer Friedrichs, später urteilen.

Bereits im *Politischen Testament* von 1752 hatte der König erklärt, daß der Erwerb Sachsens, Polnisch-Preußens und Schwedisch-Pommerns in Auge gefaßt werden müsse, wobei er die Einverleibung Sachsens für die wünschenswerteste Beute hielt. Sein Angriff auf Sachsen, 1756, hatte allerdings den Charakter eines Präventivschlags, um der überraschenden Revision der Bündnisse – Frankreich hatte sich mit seinem Erbfeind Öster-

Die Etablierung einer Großmacht

reich zusammengetan – begegnen zu können. Friedrich hoffte, daß Rußland sich neutral verhalten werde und England, das mit Preußen einen Subsidienvertrag geschlossen hatte, Frankreich durch den Ausbruch von Kämpfen in Übersee (Nordamerika und Indien) binden könnte. Diese Rechnung ging aber nicht auf. Über die längste Zeit mußte Preußen den Siebenjährigen Krieg allein durchfechten und sah sich von allen Seiten bedrängt. Zuletzt rettete nur das »Mirakel des Hauses Brandenburg«, wie Friedrich in einer Mischung aus Fatalismus und Ironie bemerkte, der überraschende Tod der Zarin Elisabeth und die Thronfolge Peters III., seiner Herkunft nach ein Prinz von Holstein-Gottorp, der in abgöttischer Verehrung an Friedrich hing und sogar vorschlug, Rußland von ihm zu Lehen zu nehmen.

Friedrich hat gelegentlich Erbansprüche als Begründung für seinen Angriff auf Schlesien geltend gemacht, aber gegenüber Vertrauten gab er unumwunden zu, daß er nur auf die Erweiterung des preußischen Gebietes zielte. Friedrich schien die Expansion unumgänglich, wenn Preußen dauerhaft den Status einer Großmacht erwerben wollte. Obwohl er im Friedensschluß von 1763 Schlesien behalten konnte und faktisch der Dualismus Österreich-Preußen in Deutschland anerkannt werden mußte, blieben seine darüber hinausgehenden Wünsche auf den Erwerb angrenzender Gebiete unerfüllt. Das änderte sich erst, als in der polnischen Teilung von 1772 Polnisch-Preußen (ohne Danzig und Thorn) an die Hohenzollern kam und so der Gebietsstand des früheren Ordensstaates wiederhergestellt war.

Der nun erreichte territoriale Zusammenhang bedeutete aber keineswegs die Vereinheitlichung des »preußischen Volkes«, das durch die Expansion der vorangegangenen hundertdreißig Jahre immer bunter geworden war, das im täglichen Verkehr zum größten Teil deutsch, zu einem kleineren polnisch oder litauisch sprach, während die seit dem Ende des 17. Jahrhunderts eingewanderte hugenottische Minderheit das Französische weiter benutzte. Die meisten Untertanen waren evangelisch, aber anders als die calvinistische Dynastie Anhänger des Luthertums; nach dem Erwerb Schlesiens gehörte ein großes, geschlossen katholisches Gebiet in den Bestand des preußischen Staates. Katholisch waren auch die durch die erste polnische Teilung Hinzugekommenen.

Obwohl in den drei schlesischen Kriegen fast eine halbe Million Menschen ums Leben gekommen war, hat sich die Bevölkerungszahl Preußens in der Regierungszeit Friedrichs verdoppelt: von 2,25 Millionen auf 5,5 Millionen Einwohner, die Fläche wuchs von 119 000 Quadratkilometer auf

Die Etablierung einer Großmacht

195 000 Quadratkilometer. Nach dem Ende des Siebenjährigen Krieges ließ der König in den stark entvölkerten Ostprovinzen, vor allem durch Trokkenlegung von Oder-, Warthe- und Netzebruch, Land für sechzigtausend Siedlerstellen schaffen. Mehr als 300 000 Menschen, darunter viele Kolonisten aus der Pfalz, Schwaben und Österreich, erhielten hier eine neue Heimat.

In dem schon zitierten *Politischen Testament* von 1752 vermerkte Friedrich über die Bewohner der verschiedenen Landesteile, wobei man die Bemerkungen cum grano salis nehmen sollte:

»Ich habe die Erfahrung gemacht, daß die Ostpreußen feinen und gelenken Geistes sind, daß sie Geschmeidigkeit besitzen (die in Abgeschmacktheit ausartet, sobald sie nicht aus ihrer Provinz herauskommen). Man beschuldigt sie der Falschheit, aber ich glaube nicht, daß sie falscher sind als andere. ... Die Pommern haben einen geraden und schlichten Sinn. Unter den Untertanen aller Provinzen eignen sie sich am besten für den Kriegsdienst wie für alle anderen Ämter. Nur mit diplomatischen Verhandlungen möchte ich sie nicht betrauen, weil ihr Freimut nicht für Geschäfte paßt ... Der Adel der Kurmark ist genußsüchtig. ... Die Niederschlesier sind das, was man brave Menschen nennt, etwas beschränkt: das ist aber nur die Folge ihrer schlechten Erziehung. Sie sind eitel, lieben Luxus, Verschwendung und Titel, hassen stetige Arbeit und den zähen Fleiß, den die militärische Zucht fordert ... Der oberschlesische Adel besitzt die gleiche Eitelkeit, dabei mehr Geist, aber auch weniger Anhänglichkeit ... Die Edelleute der Grafschaft Mark und des Mindener Landes haben dem Staate gute Untertanen geliefert.«

Preußens »deutscher Beruf«

Hatte Brandenburg-Preußen am Ende des 17. Jahrhunderts eine gewisse Rolle unter den mitteldeutschen Ländern spielen können, so schien es am Ende des 18. Jahrhunderts fast, als würden die Eroberung Schlesiens und die Gewinne aus den polnischen Teilungen, an denen Preußen beteiligt war, zu einer vollständigen Verlagerung nach Osten führen. Durch die zweite Teilung Polens von 1793 und die dritte von 1795 (die den Staat ganz aufhob) erhielt der Nachfolger Friedrichs des Großen, sein Neffe Friedrich Wilhelm II., so umfangreichen Gebietszuwachs, daß selbst Warschau zur preußischen Stadt wurde und nun mehr als ein Drittel der preußischen Untertanen der polnischen Nationalität zuzurechnen war.

Wie schon die erste, gingen auch die übrigen polnischen Teilungen auf russische Initiative zurück. Das Zarenreich erhielt in jedem Fall den Löwenanteil. Die Alternative zur Beteiligung Preußens (und Österreichs 1772 und 1795) hätte darin bestanden, die vollständige Annexion des polnischen Gebiets durch Rußland hinzunehmen. Für St. Petersburg war das eine verlockende Aussicht, weshalb man dort vor allem darauf aus war, die beiden deutschen Vormächte durch den Kampf gegen die Französische Revolution zu binden. Obwohl Katharina die Große immer wieder das schärfste Vorgehen gegen die Revolutionäre forderte, war ihr eigenes Engagement gering. Sie wollte den militärischen Kampf von Preußen und Österreich getragen wissen, sah außerdem eine Möglichkeit, beide im Westen zu beschäftigen und dann nicht nur Restpolen zu besetzen, sondern auch durch die Niederwerfung der Türkei stärkeren Einfluß in Südosteuropa und eine gute Ausgangsstellung gegen die Habsburger zu gewinnen. Durch die vielfach kritisierte Entscheidung Preußens, sich im Baseler Frieden von 1795 mit Frankreich zu verständigen, wurden diese Absichten durchkreuzt.

Auch der Nachfolger Friedrich Wilhelms II., Friedrich Wilhelm III., der bereits 1797 den Thron bestieg, hielt an der Neutralitätspolitik fest. In dieser Zeit besaß Preußen einen unbestreitbaren Status als Vormacht Norddeutschlands. Der Preis dafür war aber hoch. Noch der harte Frieden von Lunéville, den Frankreich dem besiegten Österreich aufzwang, und der ihm die lange angestrebte Rheinlinie auslieferte, schien die Belange Preußens nicht zu berühren, sogar dessen Stellung im Reich weiter zu stärken. Aber als das neue Imperium versuchte, seine Expansion nach Osten weiter voranzutreiben und Preußen vor die Wahl stellte, als Juniorpartner an einer Aufteilung der west- und norddeutschen Gebiete teilzunehmen, oder zum Kampf anzutreten, erkannte man in Preußen die Fatalität der Lage.

Für einen Ausweg war es aber zu spät. Isoliert und sich selbst überschätzend, trat die Armee Friedrichs des Großen trotzdem zum Kampf an und erlitt 1806 bei Jena und Auerstedt eine vernichtende Niederlage. Nach der Besetzung Berlin und Potsdams durch französische Truppen besuchte Napoleon die Gruft Friedrichs des Großen; vor dem Sarkophag stehend soll er zu den Umstehenden gesagt haben: »Wenn er noch lebte, stünde ich nicht hier.«

Durch den Frieden von Tilsit, der 1807 geschlossen wurde, fand sich das preußische Gebiet auf einen ostelbischen Rest beschränkt und zwischen Satelliten des französischen Reiches eingekeilt, so daß nicht nur jede Expansionsmöglichkeit abgeschnitten war, sondern ein Anzeichen von Widerstand genügt hätte, um den Rumpfstaat zu zerdrücken. Daß Preußen überhaupt fortbestand, war sicher nur der Erwägung der beiden Kaiser, die in Tilsit vor allem verhandelten, zu danken, daß ein Puffer zwischen dem russischen und dem französischen Imperium nützlich sein konnte.

Preußen ist dann auch nicht aus eigener Kraft wieder erstanden, sondern in Folge des Wiener Kongresses restituiert worden, nach dem Untergang der napoleonischen Macht. Dabei versuchten die Berliner Diplomaten bei den Verhandlungen von 1814/15 die Entwicklung nach Osten wieder aufzunehmen. Aber der Vorstoß scheiterte, obwohl es Friedrich Wilhelm III. allemal vorgezogen hätte, »Süd-Preußen«, »Neu-Ostpreußen« und »Neu-Schlesien« zu regieren, und so von der »Wacht am Rhein« verschont zu bleiben.

Infolge der großen polnischen Erwerbungen von 1793 und 1795 schien es vorübergehend, als werde der Hohenzollernstaat eine ähnliche Entwicklungsrichtung einschlagen wie das Habsburgerreich, nämlich »aus Deutschland heraus« zu wachsen. Bis dahin war die östliche die Schicksalsseite Preußens gewesen. Diese Lage änderte sich entscheidend mit den Beschlüssen von Wien. Auf Drängen Metternichs, der ganz bewußt die

Die preußische Dimension: geographisch

habsburgischen Besitzungen an der stets gefährdeten Grenzlinie zu Frankreich aufgab, erhielt Preußen jetzt Territorien, die mit dem bis dahin schon vorhandenen westdeutschen Streubesitz das Gewicht des Staates wieder und dieses Mal ein gutes Stück nach Westen verschoben. Die Angliederung von Rheinland und Westfalen und das damit verbundene »Hineinwachsen« nach Deutschland hat die weitere Richtung preußischer Politik nachhaltig geändert und nicht nur dazu beigetragen, daß die neu entstandene Spaltung des Herrschaftsgebietes – zwischen den Provinzen Rheinland und Westfalen und der gleichfalls 1815 gewonnenen Provinz Sachsen lag das Königreich Hannover – zuerst wirtschaftlich (durch den Zollverein) und dann militärisch-politisch (durch die Annexion Hannovers 1866) überwunden wurde, sondern auch dahin geführt, daß Preußen in die Lage versetzt wurde, seinen »deutschen Beruf« zu ergreifen.

Von einem solchen »Beruf« wollte der Berliner Hof am Ende der Befreiungskriege noch wenig wissen. Die Zahl derjenigen, die sich schon als deutsche und nicht mehr nur als preußische »Patrioten« fühlten, war gering. Immerhin schrieb General Neidhardt von Gneisenau, einer der Architekten des Sieges über Napoleon, in einem Brief an den Staatskanzler Hardenberg:

Preußens »deutscher Beruf«

»Die Stimmen in ganz Deutschland mit wenigen Ausnahmen sind für Preußen; selbst im südlichen, katholischen Deutschland. Diesen Umstand und den Ruhm, den sich Preußen in der letzten Zeit erworben hat, dürfte man sehr zu unserem Vorteil benutzen können ...«

»Kriegsruhm, Verfassung und Gesetze sowie Pflege von Künsten und Wissenschaften« sollten Preußen zum Anziehungspunkt für die übrigen deutschen Länder und zum Kern eines künftigen Nationalstaates machen.

Das Schreiben blieb Entwurf, Gneisenau hat es nicht abgesandt, wohl wissend um die Widerstände, die in der preußischen Führung jeder Politik entgegenstanden, die die Einheit der Nation zum Zielpunkt machen wollte. Solche Widerstände mußten sich aber zwangsläufig auch in den übrigen europäischen Staaten erheben. Vor allem war die Schaffung eines deutschen Einheitsstaates nur gegen Frankreich möglich. Der Wiener Kongreß hatte Frankreich trotz der Niederlage als Großmacht erhalten, es mußte nicht einmal alle in den Revolutionskriegen annektierten Gebiete herausgeben. Das bedeutete faktisch die Anerkennung des Status als europäischer Hegemon, den Frankreich bereits durch das »System von 1648«, die Friedensordnung des Westfälischen Vertrages, erlangt hatte, zu deren conditio sine qua non die

Die preußische Dimension: geographisch

Zersplitterung der europäischen Mitte gehörte. Den alten Rang ganz auszufüllen, war vielleicht wegen der augenblicklichen Kräfteverhältnisse unmöglich, aber das Selbstbewußtsein der französischen Führung ging zu keinem Zeitpunkt davon ab, in der Vormacht die legitime Stellung zu sehen, die dem eigenen Land gebührte. Von der Zeit der Restauration, die den Bourbonen wieder auf den Thron verholfen hatte, über das Bürgerkönigtum Louis Philippes, die kurzlebige Zweite Republik bis zur Herrschaft Napoleons III. wiederholten sich kontinuierlich Frankreichs Versuche, seine frühere Position zurückzugewinnen.

In Deutschland nahm das die Nationalbewegung des Vormärz mit Besorgnis zur Kenntnis. Das Nationalbewußtsein war unter dem Druck der Angriffe Frankreichs überhaupt erst politisch geworden und bestimmte sich deshalb sehr stark über die Wahrnehmung des deutsch-französischen Antagonismus. Daß man es dabei nicht mit »Vorurteilen« oder »Feindbildern« zu tun hatte, sondern mit machtpolitischen Realitäten, die sich bis an das Ende des Dreißigjährigen Krieges zurückverfolgen ließen, wurde an der Krise zwischen Frankreich und dem Deutschen Bund im Jahr 1840 erkennbar, die an den Rand eines Krieges führte.

Preußens »deutscher Beruf«

Damals schrieb ein preußischer Hauptmann in einem kurzen Traktat unter dem Titel *Die westliche Grenzfrage*:

»Geht man vom nationalen Standpunkt aus und macht die Sprache zur natürlichen Grenze der Nationen, so gehört uns der ganze Rhein mit seinem ganzen linken wie rechten Ufer, denn im ganzen Flußgebiet des Rheins wird seit vierzehn Jahrhunderten deutsch gesprochen; demnach hätte Frankreich nicht das linke Rheinufer von uns, sondern wir hätten von ihm Elsaß und Lothringen anzusprechen. Geht man endlich vom positiven Recht aus, wie durch die letzten Verträge [des Wiener Kongresses] festgestellt ist, so hat Frankreich dadurch allerdings seinen unrechtmäßigen Besitz Lothringens und des Elsasses geheiligt, aber dieselben Verträge schließen Frankreich von jedem Anspruch an die übrigen Teile des linken Rheinufers aus. Wenn nun aber Frankreich jene Verträge von 1814 und 1815 nicht mehr anerkennt, die einzigen Rechtstitel, die ihm seinen alten Raub an Deutschland gesichert haben, obgleich sie uns sehr nachteilig sind – wenn Frankreich selbst diese Verträge bricht und Krieg beginnt, so sollten wir uns in dem festen Entschluß vereinigen, so Gott will und der gerechten Sache den Sieg verleiht, jene Verträge nie wieder zur Basis eines neuen Friedens zu machen, sondern das Schwert nicht eher in die Scheide zu

Die preußische Dimension: geographisch

stecken, bis uns unser ganzes Recht geworden ist, bis Frankreich seine ganze Schuld an uns bezahlt hat.«

Der junge Offizier, aus dessen Schrift hier zitiert wurde, war Helmuth von Moltke, nachmals Sieger im Deutsch-Französischen Krieg von 1870/71. In seiner Argumentation flossen schon zwei Vorstellungen zusammen, von denen die eine aus dem Gedankengut der Deutschen Bewegung kam, die die Bedeutung des Volkes und der Volkszugehörigkeit – hier im Blick auf Elsässer und Lothringer – ganz in den Mittelpunkt der Betrachtung rückte, während daneben eine andere Vorstellung steht, die die Existenz des Staatensystems mit seinen völkerrechtlichen Bindungen prinzipiell bejaht. Bismarck hat diesen zweiten Aspekt wesentlich stärker betont als Moltke und im Zusammenhang mit dem Krieg gegen Frankreich wird es darüber auch zum Konflikt zwischen den beiden Männern kommen, die sich sonst in so vielen Punkten einig wußten.

Obwohl Bismarck ein preußischer Royalist reinsten Wassers war, ging er nach dem preußischen Sieg von 1866 über die dynastischen Ansprüche besiegter deutscher Mittelstaaten wie Hannover oder Hessen-Kassel geringschätzig hinweg. Er, der als neuer preußischer Ministerpräsident der »bestgehaßte Mann« der liberalen Öffentlichkeit war, sich dann aber mit der Nationalbewegung verbündete, die von eben dieser liberalen Öffentlichkeit wesentlich bestimmt wurde, hat umgekehrt der Weltanschauung des liberalen Nationalismus tief mißtraut. Aus diesem Grund verbot er 1870 dem Botschafter des Norddeutschen Bundes in Wien, die Ovationen der jubelnden Menschenmengen anzunehmen, um großdeutsche Kundgebungen zu verhindern, und wies nach der Reichsgründung alle Erwartungen der Baltendeutschen brüsk ab, der neue Staat werde sie gegen den Russifizierungsdruck verteidigen.

Die auch von Moltke aus nationalpolitischen Gründen gewünschte Annexion von Elsaß und Lothringen mit der Begründung, daß es sich um altes deutsches Land handele, hielt er für eine typische »Professorenidee«. Daß er der Angliederung trotzdem zustimmte, hatte militärpolitische Gründe; in einer Reichstagsrede vom 30. November 1874 sagte er:

»Wir haben diese Länder an uns genommen, damit die Franzosen bei ihrem nächsten Angriff, den Gott lange hinausschieben möge, die Spitze von Weißenburg nicht zu ihrem Ausgangspunkt haben, sondern damit wir ein Glacis, auf dem wir uns wehren können, bevor sie an den Rhein kommen.«

Das war eine, wenn man so will preußische Argumentation. Sie stand in bezug zu der Bereitschaft, für die Interessen des Staates auch Gewalt anzuwenden, aber nicht um irgendwelcher ideologischer Ziele willen. Die Gründung des kleindeutschen Reiches war nur durch Krieg erreichbar gewesen, und Bismarck hielt die Schaffung des Nationalstaates für die logische Konsequenz preußischer Politik.

Ähnlich wie Italien durch einen Kernstaat geeinigt wurde, so auch Deutschland durch sein »Piemont«. Im einen wie im anderen Fall blieb eine *irredenta*, im einen wie im anderen Fall war die Schaffung des Nationalstaates nur in einem »Wellental« (Ludwig Dehio) der Geschichte denkbar geworden. Bismarck hatte schon beim Kampf, den Preußen gemeinsam mit Österreich 1864 gegen Dänemark führte, darauf geachtet, dessen Schutzmacht Großbritannien nicht unnötig zu brüskieren. Die anschließende Auseinandersetzung, der Bruderkrieg von 1866 gegen das Habsburgerreich, war noch prekärer, weil hier Rußland interessiert war. Aber in St. Petersburg hatte man die preußische Neutralität im Krimkrieg so wenig vergessen wie die Unterstützung Preußens bei der Niederwerfung des Aufstands in Russisch-Polen von 1863. Mit Frankreich brauchte man damals kaum zu rechnen, weil es als Verbündeter Piemont-Sardiniens gegen Österreich stand.

Allerdings wußte Bismarck, daß sich der Zustand des allgemeinen Desinteresses nur kurze Zeit aufrechterhalten ließ, und zum großen Unmut seines Königs wie der militärischen Spitze verbot er nach dem Sieg bei Königgrätz den vollständigen Triumph. Das wiederum beschränkte die Revanchegelüste Wiens 1870 auf das allfällige Minimum – gegen die Bevölkerung hätte man auch kaum an der Seite Frankreichs in den Krieg gegen Preußen und die mit ihm verbündeten süddeutschen Staaten eintreten können. Rußland blieb noch bei seiner propreußischen Linie, während in London schon die Stimmung umschlug: weg von der sentimentalen Idee eines dauerhaften Bündnisses der protestantischen Mächte seit der Zeit Friedrichs des Großen bis zur gemeinsamen Aversion gegen die französischen Abenteurer unter dem Namen Bonaparte, hin zu der Angst vor der »deutschen Revolution«, die, so der Premierminister Benjamin Disraeli, den Lauf der Geschichte stärker verändern könne, als die französische.

Ohne Zweifel hat Bismarck versucht, die Auswirkungen der »deutschen Revolution« zu bändigen. Aber das bedeutete auch, daß mit der Reichseinigung unvermeidlich die »preußische Dimension« ihrem geographischen Sinn nach auf den neuen Staat übertragen wurde. In einer berühmt gewordenen Rede Bismarcks vom 6. Februar 1888 sagte er:

»Wir liegen mitten in Europa. Wir haben mindestens drei Angriffsfronten. Frankreich hat nur seine östliche Grenze, Rußland nur seine westliche Grenze, auf der es angegriffen werden kann. Wir sind außerdem der Gefahr der Koalition nach der ganzen Entwicklung der Weltgeschichte, nach unserer geographischen Lage und nach dem vielleicht minderen Zusammenhang, den die deutsche Nation bisher in sich gehabt hat, im Vergleich mit anderen mehr ausgesetzt als irgendein anderes Volk. Gott hat uns in eine Situation gesetzt, in welcher wir durch unsere Nachbarn daran verhindert werden, irgendwie in Trägheit oder Versumpfung zu geraten. Er hat uns die kriegerischste und unruhigste Nation, die Franzosen, an die Seite gesetzt, und er hat in Rußland kriegerische Neigungen groß werden lassen, die in früheren Jahrhunderten nicht in dem Maße vorhanden waren. So bekommen wir gewissermaßen von beiden Seiten die Sporen ... Die Hechte im europäischen Karpfenteich hindern uns, Karpfen zu werden... ; sie zwingen uns zu einer Anstrengung, die wir freiwillig vielleicht nicht leisten würden, sie zwingen uns auch zu einem Zusammenhalten unter uns Deutschen, das unserer innersten Natur widerstrebt; sonst streben wir lieber auseinander.«

Conditio Borussiae

Die Beschwörung der »preußischen Räson« Deutschlands fand zum damaligen Zeitpunkt, fast zwei Jahrzehnte nach der Reichsgründung, kaum noch Gehör. Dafür gab es gute und weniger gute Gründe. Zu den guten gehörte, daß allen Anstrengungen zum Trotz die französische Republik Revanche für die Niederlage von 1871 nehmen wollte und dazu bereit war, auch mit einem – aus weltanschaulichen Gründen so fremden – Partner wie dem zaristischen Rußland zusammenzugehen. Dort gewann zunehmend eine nationalistische und panslawische Doktrin an Einfluß, die das im 19. Jahrhundert traditionell gute Verhältnis zu Preußen und dann zu Preußen-Deutschland in Frage stellen mußte, wenn das an seinem seit 1873 kontinuierlich fortgesetzten Bündnis mit der Habsburger Monarchie festhielt. Bismarck hat die Zuspitzung der Lage durchaus abgesehen und fast verzweifelt versucht, die Beziehung zu Rußland aufrechtzuerhalten. Gewisse Äußerungen deuten sogar darauf hin, daß er bereit war, für dieses Einvernehmen Österreich zu opfern, aber die ganze Struktur des sogenannten Rückversicherungsvertrags war die eines Aushilfsversuches.

Als größtes Problem erwies sich nach dem definitiven Zerfall des alten »Drei-Kaiser-Bündnisses« die Frage nach einer Alternative. Schieden Frankreich und Rußland als Partner aus, blieb noch Großbritannien. Bismarck hat auch hier eine Annäherung versucht, aber in London beobachtete man einerseits den Aufstieg des neuen Reiches zum wichtigsten wirtschaftlichen Konkurrenten mit stärkerem Unmut, glaubte andererseits noch an die Möglichkeit der *splendid isolation*, also der freiwilligen Beschränkung auf das Imperium, so lange die Großmächte in Europa sich dergestalt die Waage hielten, daß keine als maritimer Konkurrent in Frage kam.

Genau diese Gefahr schien dann aber von seiten Deutschlands zu drohen, als Wilhelm II. die Regierung antrat. Der junge Kaiser, der Bismarck ursprünglich gefolgt war, entschloß sich dann aber zu einem »persönlichen Regiment«, das eine politische Linie vorgab, die neben anderem auch die Konfrontation mit Großbritannien durch verstärkte Flottenrüstung zur Folge hatte. Die Erringung einer »Weltmacht«-Stellung war im Zeitalter des Hochimperialismus am Ende des 19. Jahrhunderts ein ebenso naheliegendes wie von großen Teilen der Bevölkerung akzeptiertes Ziel. Es schien überhaupt *der* Ausweg aus der preußischen Konstellation eines im Zentrum des Kontinents durch die umgebenden Großmächte festgebannten Staates. Doch die Übernahme des englischen Vorbilds war eine Fehlkalkulation. Das sollte sich unmittelbar nach Beginn des Ersten Weltkriegs zeigen.

Kein geringerer als Thomas Mann hat den Ersten Weltkrieg als »Wiederholung oder Fortsetzung« des Siebenjährigen Krieges betrachtet. Das war mehr als ein Gelegenheitseinfall. Selbst wenn man von so auffälligen Parallelen wie dem Präventivschlag gegen einen (formell) neutralen Staat – 1914 Belgien, 1756 Sachsen – absieht, wiederholte sich bei gewandeltem Staatensystem die Konfrontation zwischen Preußen beziehungsweise Preußen-Deutschland und den übrigen Großmächten, wobei die Stellung Englands in diesem Fall von Anfang an feindselig war. Und es zeigte sich rasch, daß die Vorstellung von der »Weltmacht« als Flottenmacht für eine Landmacht wie Deutschland unrealisierbar blieb. In kurzer Zeit war klargestellt, daß das Reich außerstande war, Großbritannien auf dem Meer entgegen zu treten, und die Kolonien als Stützpunkte nicht taugten.

Es sind aufgrund dieser Einsicht schon während des Ersten Weltkriegs Alternativkonzepte entstanden, die unter der Annahme eines deutschen Sieges zwei Perspektiven für die weitere Entwicklung in Betracht zogen: entweder die Schaffung eines

Die preußische Dimension: geographisch

»Mitteleuropa«, das unter deutscher Führung eine Föderation aller Gebiete zwischen der russischen West- und der französischen Ostgrenze bilden sollte, oder die Organisation eines »blockadesicheren« Großraums, wie ihn vor allen Dingen die letzte Oberste Heeresleitung konzipierte, dem dann außer dem Reich, das durch Annexion zu arrondieren war, Territorien bis weit in die Ukraine und ins Baltikum zugeschlagen werden sollten.

Die Niederlage von 1918 hat den einen wie den anderen Weg verstellt, aber die drei Optionen schienen auch in der Zwischenkriegszeit weiter gangbare Wege. Eine Lösung in der bismarckschen Tradition wurde vor allem von dem nationalliberalen Außenminister Stresemann gesucht. Allerdings sah die unter den ganz anderen Umständen den Ausgleich mit Frankreich vor, und das hieß den Verzicht auf Elsaß-Lothringen, das durch den Versailler Vertrag wieder an Frankreich gefallen war. Langfristig sollte Deutschland dadurch wenigstens die im Osten an Polen verlorenen preußischen Gebiete (Posen, den »Korridor«, Oberschlesien) zurückerhalten. Daß Stresemann keineswegs eine einseitige Westbindung favorisierte, sondern die Mittellage zum Ausgangspunkt seiner Überlegungen machte, geht aus seiner klugen und behutsamen Politik gegenüber der Sowjetunion hervor. Nachdem das Reich 1925 den Grenzvertrag mit Frankreich (und Belgien) unter internationaler Garantie abgeschlossen hatte, signalisierte er an die Adresse Moskaus umgehend Bereitschaft, ein Abkommen über Wirtschafts- und Handelsfragen zu schließen und die geheime Zusammenarbeit auf militärischem Sektor fortzusetzen.

Selbstverständlich spielte in diesem Kontext eine Rolle, daß Stresemann und seine Nachfolger Wege suchten, die von Frankreich über Deutschland verhängte Isolation zu brechen, die insbesondere durch den *Cordon sanitaire* (ein Gürtel frankreichfreundlicher Klein- und Mittelstaaten vom Baltikum bis nach Rumänien) Deutschlands Interessen entgegen stand. Dafür waren, wie sich zuletzt noch in Brünings Projekt eines deutsch-österreichischen Zollvereins zeigte, ältere Mitteleuropa-Konzepte weiter von Bedeutung. Die kamen Anfang der dreißiger Jahre nicht zum Tragen, weil der Élysée diesen Zusammenhang wahrnahm und entsprechend reagierte.

Nach der nationalsozialistischen Machtübernahme fanden die auch von einigen hohen Parteifunktionären geteilten Vorstellungen über die wirtschaftliche »Durchdringung« Ostmittel- und Südosteuropas den entschiedenen Widerspruch Hitlers, der – wenn auch in Einzelfragen flexibel –

Die preußische Dimension: geographisch

an dem Gedanken des Großraums mit Landnahme »im Osten« und Helotisierung der einheimischen Bevölkerung festhielt. Sein Versuch, die Mittellage gewaltsam aufzusprengen, endete in einem totalen Fiasko.

Es sei hier am Rande erwähnt, daß gerade in Kreisen des konservativen Widerstands, der sehr stark von Teilen der alten militärischen und zivilen Elite Preußens bestimmt wurde, die Vorstellung herrschte, daß nach erfolgtem Umsturz eine deutsche Außenpolitik unbedingt an die Lehren der Bismarckzeit anknüpfen müsse. Generaloberst Beck schrieb als Schlußsatz eines Memorandums, in dem er kritisch zu Hitlers Entwurf einer Totalrevision des europäischen Staatensystems Stellung nahm, ein derartiger Versuch bedeute, wenn er unternommen werde, zwangsläufig *finis Germaniae*. Beck hat den Satz wieder ausgestrichen, bevor er den Text weitergab – wider besseres Wissen, wie man hinzufügen muß.

Tatsächlich brachte das Ende des Zweiten Weltkriegs nicht nur das Ende des Dritten und damit auch des Bismarckreiches, sondern führte durch den nun ausbrechenden Kalten Krieg zwischen den USA und der Sowjetunion in einen »globalen Ausnahmezustand« (Serge Maiwald), für den die Lehren traditioneller Politik keine Geltung mehr zu haben schienen. Wahrscheinlich gehörte Konrad Adenauer zu den ganz wenigen Politikern in Westdeutschland, die bereits 1945 diese Lektion begriffen hatten. Seine Bereitschaft zur Anlehnung an den Westen hing auch mit seiner Herkunft aus dem rheinischen Katholizismus, aber mehr noch mit seinem ausgeprägten Mißtrauen gegen das deutsche Volk zusammen. Vor allem aber glaubte er, daß es für eine selbständige deutsche Politik zwischen dem amerikanischen und dem sowjetischen Block keine Operationsmöglichkeit mehr gebe. In einer denkwürdigen Auseinandersetzung um diese Einschätzung hat ihm der damalige Oppositionsführer, der Sozialdemokrat Kurt Schumacher, scharf widersprochen. Schumacher, seiner Herkunft nach Westpreuße, hatte eine lebendige Vorstellung davon, was es bedeuten würde, wenn eine deutsche Armee an einem Konflikt teilnehmen müßte, der – unter optimalen Bedingungen – vor allem auf dem Gebiet jenseits von Oder und Neiße ausgetragen worden wäre. Die Neigung der SPD zu einer neutralistischen Außenpolitik in den fünfziger Jahren kann allerdings nur bedingt als Wiederaufnahme älterer geopolitischer Vorstellungen betrachtet werden, dazu schwang zu viel Illusionismus mit. Sie war letztlich genauso erfolglos wie andere Bemühungen aus dem bürgerlichen Lager, die Mittellage Deutschlands wieder zum Ausgangspunkt der Überlegungen zu machen.

Die preußische Dimension: geographisch

Einer der Gründe dafür war die Bereitwilligkeit der westdeutschen Bevölkerung, die gegebene Lage mehr oder weniger hinzunehmen. Die Linie Adenauers fand tatsächlich immer eine breite Unterstützung. Die von ihm mit der Westbindung verknüpfte Erwartung einer raschen Wiedervereinigung hat sich aber nicht erfüllt, und bis in die achtziger Jahre mußten alle militärischen Planspiele davon ausgehen, daß ein Dritter Weltkrieg vor allem auf deutschem Gebiet ausgetragen würde. Es ist den Deutschen diese Erfahrung erspart geblieben, aber nur durch Umstände, auf die sie keinen Einfluß nehmen konnten. Unter dem Schirm ihrer Protektoren überdauerten sie die Zeit der Teilung.

Mit der Wiedervereinigung stellte sich allerdings die Frage, ob es zu einer Rückkehr Deutschlands in die Mittellage kommen würde. Für die Bundesregierung, die in Verbindung mit den USA die Aufrechterhaltung der NATO-Integration Deutschlands erreicht hatte, konnte davon keine Rede sein. Nur im Ausland regte sich Kritik. Gemeint sind nicht die hysterischen Stimmen, die die Gefahr eines »Vierten Reiches« und die Heraufkunft eines »neuen Hitler« beschworen, gemeint sind nicht einmal die Obstruktionsversuche der britischen und französischen Führung, die sich bruchlos in die Tradition früherer Einkreisung fügten.

Gemeint sind politische Denker wie der französische Sozialist und Industriemanager Alain Minc, ein enger Vertrauter des damaligen Staatspräsidenten François Mitterrand, der 1989 äußerte, Deutschland sei

»... im Begriff, seinen Platz im Herzen Europas – in Mitteleuropa – wieder einzunehmen. ... Das ist der historische Platz, der Deutschland zusteht.«

Man kann diese Äußerung mit der Renaissance der Geopolitik erklären, die in den achtziger Jahren vor allem Frankreich und den angelsächsischen Bereich erfaßte, aber es spielte auch eine schlicht empirische Tatsache eine Rolle: Das Europa nach 1989 war in seiner staatlichen Struktur dem Europa nach 1919 sehr ähnlich. Wieder sah sich ein militärisch schwaches, aber seinem Potential nach starkes Deutschland im Osten von einem Kranz kleinerer Staaten umgeben, die ihre Orientierung traditionell bei Frankreich suchen, indes das ökonomische Gewicht Deutschlands immer deutlicher spüren. Die »Osterweiterung« der Europäischen Union jedenfalls muß so oder so die Bedeutung Deutschlands wachsen lassen, unter Einschluß geopolitischer und geostrategischer Konsequenzen.

Das zwingt zu Überlegungen, wie die Fehler vermieden werden können, die in der Zwischenkriegszeit oder vielleicht noch früher gemacht wurden. Mehr noch, es zwingt zu der Frage, worin diese Fehler eigentlich bestanden haben. Der junge britische Historiker Niall Ferguson gibt eine Antwort dahingehend, daß das Unheil nicht erst mit dem Diktatfrieden von Versailles begann, sondern schon mit dem Kriegseintritt seines Landes. Was, so seine Spekulation, hätte britische Neutralität im Sommer 1914 bedeutet?

»Belgien beiseite gelassen, war das westeuropäische Hauptziel des Krieges, so wie es in Bethmann-Hollwegs *Septemberprogramm* stand, einen *zentraleuropäischen Wirtschaftsbund* zu schaffen, durch gemeinsame Zollabkommen. Beteiligt sein sollten Frankreich, Holland, Belgien, Dänemark, Österreich-Ungarn, Polen und, vielleicht, Italien, Schweden und Norwegen. Es mag deutsche Empfindlichkeiten treffen, dieses Projekt für *Mitteleuropa* mit der EU, wie wir sie heute kennen, zu vergleichen, aber eine durch einen militärischen Sieg geschaffene Zollunion unter deutscher Führung unterscheidet sich nicht so sehr von einer Zollunion unter deutscher Führung, die durch eine militärische Niederlage geschaffen wurde – aus britischer Perspektive. Hätte eine solche Union britische Interessen gestört? Natürlich nicht, vor allem, wenn Britannien die Oberhoheit zur See behalten hätte. Es ist wahr, daß es auch so eine russische Revolution gegeben hätte, aber 1916 hatten die Bolschewiken geringere Erfolgsaussichten als ein Jahr später. Wahr ist auch, daß es in den 1920er Jahren in Italien vielleicht den Faschismus gegeben hätte, aber mehr Nachahmer hätte es im besiegten Frankreich gegeben, nicht im siegreichen Deutschland. Mit einem triumphierenden Kaiser hätte Adolf Hitler sein Dasein als mittelmäßiger Postkartenmaler in einem von Deutschland dominierten Mitteleuropa gefristet, in dem er wenig vorgefunden hätte, über das er sich hätte beschweren können.«

In dem Satz, daß Geographie Schicksal ist, mag Übertreibung stecken. In dem Maß, in dem die Bedeutung des Raumes für den Staat verständlich wurde, schwand diese Bedeutung. Entdeckungsreisen und moderne Verkehrsmittel, die unglaublich gesteigerten Möglichkeiten einer globalen Kommunikation, das alles hat die Wichtigkeit der geographischen Lage verringert. Verschwinden kann sie aber nicht. Der Mensch ist ein leibliches und schon deshalb raumgebundenes Lebewesen, keine Virtualität kann ihn davor retten. Grenzen werden ihre Funktion behalten, wahrscheinlich werden ihnen sogar noch neue Funktionen zuwachsen, und ähnliches gilt für die geopolitische Situation im allgemeinen.

Ein deutscher Staat, der im Osten wieder an Polen, Tschechien und Ungarn stößt, der durch diese Länder, das Baltikum und die Slowakei von Rußland getrennt wird, hat es mit anderen Herausforderungen zu tun, als Großbritannien oder Frankreich. Berlin liegt ungleich näher zu Warschau als zu Paris oder London. Jede Erweiterung der Europäischen Union nach Osten, jede Ausdehnung der NATO auf den zwischeneuropäischen Bereich muß man hier mit größerer Aufmerksamkeit beobachten. Jeder Erfolg in dieser Richtung wird das deutsche Gewicht vermehren und die Neider lauter werden lassen. Politische und militärische Zurückhaltung mag deshalb ratsam sein, ein Allheilmittel ist sie nicht. Man muß auch die Lehren beherzigen, die die *conditio borussiae* bereithält.

Die preußische Dimension:
——— *politisch* ———

»Bismarckismus« – *bismarckism* war ein während des Ersten Weltkriegs häufig gebrauchter Begriff, mit dem die preußisch-deutsche Politik charakterisiert werden sollte. Die Propaganda der Entente verstand darunter eine brutale Vorgehensweise, die Macht vor Recht stellte, keine Bindung an das christliche Sittengesetz und die »westliche« Zivilisation kannte. In seinem 1918 erschienenen Buch *Wilhelm Hohenzollern & Co.* schrieb der amerikanische Journalist Edward Lyell Fox, man führe den Krieg »... nicht gegen das deutsche Volk, aber gegen jene kleine Gruppe, ..., die ein natürliches, friedliches und kunstliebendes Volk mit Preußentum vergiftet«. Bismarck sei derjenige, mit dem diese Vergiftung begonnen habe, Friedrich Nietzsche der »Philosoph des Preußentums«, der Historiker Heinrich von Treitschke und der frühere General Friedrich von Bernhardi hätten die »Essenz des Preußentums« am erfolgreichsten propagiert, und diese Essenz sei »Barbarei«.

Die preußische Dimension: politisch

Man kann in der Argumentation Denkfiguren wiederfinden, die schon im 19. Jahrhundert ausgebildet worden waren und seitdem in immer neuen Varianten aufgetaucht sind. Die erste beruht auf der Annahme der »beiden Deutschland«, die in etwa besagt, es gebe ein gutes, gemütliches, poetisches, zurückgebliebenes und machtloses Deutschland, und ein böses, effizientes, dämonisches, modernes und starkes Deutschland. Für das eine steht symbolisch »Weimar«, für das andere »Potsdam«. Dieses Stereotyp spielte in der französischen Literatur vor allem nach der Niederlage von 1871 eine wichtige Rolle, läßt sich aber in seiner Grundstruktur bis auf die Betrachtungen über Deutschland der Madame de Staël zurückführen, die den Dualismus vor allem in Preußen selbst feststellte. Schon 1810 äußerte sie:

»Preußen zeigt ein Doppelgesicht wie der Januskopf: ein militärisches und ein philosophisches.«

Der erste, der den Begriff »Bismarckismus« benutzte, war aber kein Franzose, sondern der Engländer Frederic Harrison, der im Dezember 1870, also während des Deutsch-Französischen Krieges, in der angesehenen *Fortnightly Review* schrieb:

»... was ist dann Preußen? Die preußische Monarchie ist ein Geschöpf des Krieges. Ihre Geschich-

Die preußische Dimension: politisch

te, ihre Traditionen, ihre Ideale sind einfach die des Krieges. Es ist das einzige europäische Königreich, das, Provinz für Provinz, auf dem Schlachtfelde aufgebaut wurde, Stein für Stein mit Blut gemauert. Seine Könige waren Soldaten: Manchmal waren es Generale, manchmal, so wie jetzt, Drillfeldwebel; aber immer Soldaten. Die ganze Staatsorganisation, von oben bis unten, ist militärisch. Die Bevölkerung ist eine wohlgedrillte Nation von Soldaten auf Urlaub: ihr Souverän der Höchstkommandierende, ihre Aristokratie die Generalstabsoffiziere, ihre Hauptstadt ein Militärlager ... Unglücklicherweise hat sich dieses Evangelium des Schwertes dem preußischen Volke tiefer eingeprägt als irgendeinem anderen in Europa ... Es ist dort ganz vergessen worden, daß das Individuum ein vom Nationalcharakter wesentlich verschiedenes Ding ist: Und aus dem behaglich-fröhlichen Hans an seinem stillen Herd wird vermöge eines verwickelten Systems von Staatseinrichtungen ein Glied einer Nation, ein Teil eines Eroberervolkes ... Ich spreche es bewußt aus, daß Deutschland jetzt den Krieg mit unmenschlicher Grausamkeit weiterführt. Ein Krieg von solcher Wildheit, eine solch erbarmungslose Drangsalierung der Zivilbevölkerung ist seit zwei Generationen in Europa nicht mehr erlebt worden – mit einer Ausnahme: dem russischen Vernichtungskrieg gegen Polen. Es war Deutschland mit seiner angeblichen Kultur vorbehalten, die verabscheuungswürdigen Sitten östlicher Barbarei in das Herz des Westens getragen zu haben ... Obwohl die Deutschen die Grausamkeit nicht geradezu lieben, sind sie ihrer sehr wohl fähig, wenn sie ihren Zwecken dient, und sie legen dabei eine ruhige, innere Zufriedenheit, eine geschäftsmäßige Gründlichkeit an den Tag, die noch viel abscheulicher ist als Exzesse der Leidenschaften ... Auf ihnen und auf ihren Kindern wird der Fluch ruhen, im heutigen Europa die blutigen und barbarischen Sitten der Vergangenheit wiedererweckt zu haben – das Verwüsten des Feindeslandes im großen Maßstabe, das systematische Hinmorden der Zivilbevölkerung.«

Es war notwendig, hier etwas ausführlicher zu zitieren, um zu zeigen, wie stark man bestimmte antipreußische und antideutsche Stereotypen bereits vor der Zeit der beiden Weltkriege entwickelt hatte. Neben dem Bild des mordenden und sengenden Barbaren spielte dabei noch ein anderes Motiv eine wichtige Rolle, das in dem eingangs erwähnten Text auch ausdrücklich hervorgehoben wird: die Behauptung von »Vorläufern« und »Wegbereitern«, die das Unheil, das das »Preußentum« über Deutschland gebracht haben sollte, durch Rekonstruktion des Ursprungs erklären sollte. Die Linien können durchaus wie bei Fox bis

Die preußische Dimension: politisch

auf den germanischen Furor zurückreichen, für gewöhnlich zielen sie aber auf die Darlegung eines direkteren Zusammenhangs zwischen den Eroberungen Friedrichs des Großen, der »Blut-und-Eisen«-Politik Bismarcks, der »Macht«-Philosophie Nietzsches, dem Bellizismus Treitschkes und des erwähnten Bernhardi. Letzterer ist heute praktisch vergessen, hatte aber 1911 ein viel gelesenes Buch mit dem Titel *Deutschland und der nächste Krieg* geschrieben, das den Kampf in darwinistischer Manier als Jungbrunnen der Nationen feierte, dem aber im Blick auf die politische Gesamtlage eine gewisse Hellsichtigkeit nicht zu bestreiten ist:

»England, Frankreich und Rußland haben das gemeinsame Interesse, unsere Macht zu brechen. Dieses Interesse wird sie voraussichtlich über kurz oder lang auch militärisch zusammenführen.«

Angesichts der Vorstellung von der fatalen Bedeutung des *prussianism* kann nicht überraschen, daß im Ersten Weltkrieg für den Fall eines alliierten Sieges zumindest die Zerschlagung des preußischen Staates und der preußischen Armee verlangt wurde. Vor allem auf französischer Seite war die Idee einer »Hinrichtung Preußens« populär. Der Geograph Onésime Reclus schrieb bereits 1915 in seinem Pamphlet *L'Allemagne en morceaux* (»Deutschland in Stücken«):

»Die ganze Nation ist schuld. Bis zu den preußischen Siegen mochte sich der Krieg in Grenzen der Ehre und Menschlichkeit halten. ... Seit Bismarcks Zeiten ... haben sie aus dem Kriege ein allgemeines Halsabschneiden gemacht. ... Ja, sie sind es wert, in die Sklaverei geschleppt zu werden! Zögern wir nicht, sie bis über den Hals in Schulden zu stürzen! Die Theoretiker und Praktiker des Präventivkrieges müssen präventiv vernichtet werden.«

Es ist dieses Delirium des Hasses keineswegs die Ausnahme, sondern eher die Regel gewesen, aber man könnte sich trotzdem damit beruhigen, daß solche Ausfälle in modernen Kriegszeiten häufig waren, im Blick auf Preußen und Deutschland aber der Vergangenheit angehören, wenn nicht zu befürchten stände, daß das Zerrbild preußischer Politik, das hier gezeichnet wurde, bis in die Gegenwart überlebt hat. Abgemildert vielleicht, aber trotzdem vital. Neben dem tumben Michel sind der »Hunne« mit Pickelhaube, von Blut triefende Waffen in den Klauen, und der gefühlskalte, dabei hochintelligente und trotzdem düsterer Todessehnsucht hingegebene Generalstabsoffizier bis heute verwendete Chiffren, um preußisch-deutsches Wesen darzustellen, in den populären Medien sowieso, aber sublimiert auch in jedem anderen Kontext.

Kriegslüstern?

Es ist schon deshalb eine Überlegung wert, ob die drei klassischen Vorwürfe an das Preußentum – seine Kriegslüsternheit, sein Militarismus und seine reaktionäre Grundhaltung – einer Überprüfung standhalten.

Kriegslüstern?

Wenn man als Maßstab für die Aggressivität eines Staates die Zahl der von ihm geführten Kriege nimmt, wird man große Schwierigkeiten haben, Preußen »Angriffslust« (David Lloyd George) nachzuweisen. Ohne Zweifel hat unter den europäischen Mächten Großbritannien im 19. Jahrhundert die meisten Kriege geführt, bald gefolgt von Frankreich und Rußland. Preußen war dagegen nach dem Ende der napoleonischen Zeit für fünfzig Jahre an keinem der größeren Feldzüge – der Expedition Frankreichs gegen Spanien von 1823, dem Krimkrieg 1853–1856, dem italienisch-österreichischen Krieg von 1859 – beteiligt. Darüber hinaus müßte man auch noch die kriegsähnliche, jedenfalls ausgesprochen gewaltsame Unterdrückung nationaler Aufstandsbewegungen (in Irland) sowie die Kämpfe in Übersee einbeziehen. In der ersten Hälfte des 19. Jahrhunderts hat

Die preußische Dimension: politisch

Großbritannien zur Ausdehnung oder Verteidigung seines Imperiums Kriege gegen die USA und China geführt, außerdem zahlreiche Territorien in Afrika und Asien unterworfen. Diese Linie setzte sich in den folgenden Dezennien fort, führte zur vollständigen Eroberung Indiens, Australiens und Neuseelands sowie der Schaffung eines afrikanischen Reiches, das fast die Linie Kap–Kairo unter britische Kontrolle stellte. Dem Muster folgen in der zweiten Jahrhunderthälfte neben Frankreich auch kleinere Staaten wie Belgien, die Niederlande und Dänemark, und schließlich auch Deutschland.

Noch 1860 höhnte die *Times* über Preußen, daß es Verhandlungen auf Konferenzen vorziehe und die Entscheidung auf dem Schlachtfeld furchtsam scheue. Das änderte sich rasch in der Folgezeit, als Preußen Kriege führte oder mitführte, die sich zwischen 1864 und 1871 gegen Dänemark, Österreich und Frankreich richteten. Kaum ein Zeitgenosse (abgesehen von Angehörigen der besiegten Nationen) hat an der »Normalität« dieser Kämpfe irgendwelche Zweifel gehabt. Sie waren kein Ausdruck von latenter Aggressivität, sondern, wie es der bedeutende preußische Kriegstheoretiker Carl von Clausewitz formuliert hatte, Anwendung des Krieges als »... ein wahres politisches Instrument ..., eine Fortsetzung des politischen Ver-

Kriegslüstern?

kehrs, ein Durchführen desselben mit anderen Mitteln«. Der erste dieser Konflikte hatte ganz den Zweck einer Wiederherstellung des Rechtszustandes in den von Kopenhagen dem dänischen Reichsverband zugeschlagenen »deutschen« Herzogtümern Schleswig und Holstein, der zweite erinnerte schon Miterlebende an den Amerikanischen Bürgerkrieg, bei dem es gleichfalls um den Bestand beziehungsweise die Einheit der Nation ging, der dritte schließlich mußte für jeden als unvermeidbar gelten, der die traditionell gegen ein Erstarken Deutschlands gerichtete Politik Frankreichs kannte und ernst nahm.

Bezeichnenderweise hat Bismarck nach der Reichsgründung immer wieder betont, daß der neue Staat »saturiert« sei, daß er keine weitergehenden Ansprüche territorialer Art mache. Selbst in der Kolonialfrage war er äußerst zurückhaltend, um keine zusätzlichen Konflikte mit den anderen europäischen Mächten heraufzubeschwören. Der Historiker Rudolf Stadelmann hat mit Grund die Auffassung vertreten, daß Bismarck 1871 weitergehenden Sicherungsforderungen der Militärs widersprochen habe, obwohl er sie angesichts der zu erwartenden Revanche Frankreichs für berechtigt hielt. Moltkes zwei Jahre nach der Reichsgründung geäußerter Ansicht, man müsse einen weiteren Waffengang gegen den Erbfeind kalkulieren, der dann aber eine wirkliche Entscheidung zur Folge haben sollte – »... endlich den Vulkan zu schließen, der seit einem Jahrhundert Europa durch seine Kriege wie durch seine Revolutionen erschüttert« –, hat er ebenso widersprochen, wie dem Plan des Generalstabschefs für einen vierten Einigungskrieg, um Österreich mit Deutschland in einem mitteleuropäischen Block zusammenzuschließen, der auf Dauer eine unangreifbare Stellung haben sollte. Bismarck graute vor einer »Reihe von Rassenkriegen«, die die Zukunft des alten Kontinents bestimmen könnten, und man darf ihm den Satz schon abnehmen, es sei jeder »... Krieg, auch der siegreiche, immer ein großes Unglück für das Land, das ihn führt«.

Der Befund für das 19. Jahrhundert gilt im Grunde ähnlich für das 18. Auch hier war die erste Hälfte eine ausgesprochen friedliche Ära preußischer Geschichte, gab es keine Verwicklung in größere militärische Konflikte zwischen der Krönung Friedrichs I. und der Thronbesteigung Friedrichs des Großen, abgesehen von der eher belanglosen Teilnahme am Spanischen Erbfolgekrieg und dem Nordischen Krieg gegen das Schweden Karls XII. Den entscheidenden Bruch bildete selbstverständlich die Zeit Friedrichs des Großen, die durch immerhin drei Kriege gekennzeichnet war.

Kriegslüstern?

Am Beginn des Ersten Schlesischen Krieges wurde in Paris folgendes Couplet verbreitet:

»Was halten Sie von diesem neuen König,
der sich entrüstet gegen Machiavell
und unter seinesgleichen Aristarch will sein?
Ist dies ein Weg wohl zur Unsterblichkeit?
Bringe in Einklang, wer's vermag,
seine Moral und seiner Invasion Motive!
Dies gleicht der Dirne, die Vestalin glaubt zu sein,
weil über die Versuchung sie gelehrt geschrieben.
Mit offener Gewalt ins Erbe einzudringen
des Souverains, dem man sich Freund genannt,
als Vater reden und als Widersacher handeln –
wahrhaftig, mehr hat Machiavell auch nicht gewollt!«

Der Text spielte darauf an, daß Friedrich in der Kronprinzenzeit einen *Anti-Machiavel* verfaßt hatte, der noch kurz vor seiner Thronbesteigung veröffentlicht worden war. Es handelte sich um eine scharfe Abrechnung mit dem Politik-Konzept Machiavellis. Dazu schien der Angriff auf Schlesien in eklatantem Widerspruch zu stehen, einem Widerspruch, den auch die Biographen Friedrichs nicht verkleinern konnten. Während die einen sein

»Haupt ... mit der Schuld« (Thomas Babington Macaulay) für einen ungerechten Krieg bedeckt sahen und den Angriff zu den »sensationellen Verbrechen der Geschichte der Neuzeit« (George P. Gooch) rechneten, hielten andere die Annexion Schlesiens für eine »deutsche Tat« (Heinrich von Treitschke), die eine rückständige Provinz auf den Weg des Fortschritts zwang, sogar ein, wenn auch »unbewußt« (Thomas Carlyle) vollzogener Akt von nationaler Bedeutung sollte es gewesen sein, der die spätere Stellung Preußens begründete. Die meisten dieser Interpretationen erfolgten nicht nur ex post, sondern auch perspektivisch verengt: Sie trugen Maßstäbe an die Politik Friedrichs heran, die diesen zu einem guten Teil fremd waren.

Die Reaktion Europas war zu seiner Zeit so uneinheitlich, wie es den Linien der politischen Konfrontation entsprach. Angriffskriege als solche standen nicht wirklich in Frage, jede Großmacht bediente sich ihrer, wenn es tunlich erschien, allerdings erregte die Dreistigkeit Friedrichs Aufsehen: Wut und Abscheu bei den Katholiken und allen, die Österreich wohlwollten, und Begeisterung in der *république des lettres*, bei den Aufklärern, die glaubten, hier sei auch eine Schlacht gegen den Obskurantismus geschlagen worden.

Der Philosoph und Soziologe Hans Freyer hat in einer gründlichen Analyse des *Anti-Machiavel*

Kriegslüstern?

versucht, ein gerechtes Urteil über das Vorgehen Friedrichs zu fällen und die Frage des Widerspruchs zu seinen ursprünglichen Äußerungen zu klären. Freyer meinte, daß dieser Widerspruch nur ein scheinbarer sei und auf eine oberflächliche Lektüre des Buches zurückgeführt werden müsse. Keineswegs habe Friedrich jene schon oft geübte und billige Kritik an Machiavelli wiederholen wollen, die diesem einen Mangel an Tugend vorwarf. Er habe vielmehr dessen Begriff des Politischen abgelehnt. Machiavelli sei durch die Ausnahmesituation der oberitalienischen Stadtrepubliken zu der Anschauung verführt worden, daß es zwischen Staat und privater Existenz keine wirkliche Unterscheidung gebe, dieselben Mittel hier wie dort gebraucht würden und gleichermaßen brauchbar seien. Demgegenüber bestehe Friedrich auf dem Sonderrecht des Staates, den er allerdings schon in einer entwickelten Gestalt kenne, stabilisiert durch eine Legitimität, von der Machiavelli in den politisch chaotischen Zeiten der italienischen Renaissance nichts wissen konnte.

In diesem Zusammenhang wies Freyer auch ausdrücklich auf das 26. Kapitel im *Anti-Machiavel* hin, wo es heißt:

»Da es in der Welt keine Gerichtshöfe gibt, die über den Königen stehen, und keine Behörden, die ihre Streitigkeiten schlichten, so kann nur der

Kampf über ihre Rechte entscheiden und das Urteil über die Gültigkeit ihrer Gründe fällen. Herrscher plädieren mit den Waffen in der Hand; sie zwingen, wenn sie können, ihre Gegner, die Gerechtigkeit ihrer Sache anzuerkennen.«

Niemand, der die Geschichte und Gegenwart der Staaten betrachtet, kann diesen Sachverhalt im Ernst bestreiten. Das Fehlen jeder funktionstüchtigen zwischenstaatlichen Gewalt führt bis heute dazu, daß Staaten ihre Forderungen im letzten nur selbst verfechten und durchsetzen können, notfalls unter Anwendung militärischer Mittel. Allerdings scheut man sich vor der Ehrlichkeit, mit der Friedrich alles Bemühen beiseite schob, ganz formal gerechte von ungerechten Kriegen, Angriffskriege von Verteidigungskriegen zu scheiden. »Ich gebe übrigens zu«, heißt es an anderer Stelle, »daß es peinliche Notwendigkeiten gibt, wo ein Fürst nicht umhin kann, seine Verträge und Bündnisse zu brechen ...«. Das dürfe aber nur geschehen, wenn eine »Notwendigkeit« vorliege. Die *necessita* war auch für Machiavelli ein entscheidendes Argument um die Anwendung von Gewalt in der Politik zu rechtfertigen, aber anders als Machiavelli hat Friedrich niemals bestritten, daß der Krieg an sich ein Übel sei, eine *nécessité fatale*.

Nur derjenige, so Friedrich weiter, dürfe dieses Argument für sich in Anspruch nehmen, dessen

Kriegslüstern?

Staat auch die Möglichkeit habe, auf dem eingeschlagenen Weg seine Aufgabe zu erfüllen. Nur »Eroberer aus Notwendigkeit«, nicht »Eroberer aus Temperament« seien gerechtfertigt in ihrem Tun, nur Staaten, die das Potential hätten, könnten sich durch Expansion eine Grundlage für ihre dauernde Fortexistenz schaffen.

Das klingt in den Ohren der Heutigen skandalös, aber jede nüchterne Betrachtung der Vergangenheit zwingt zur Anerkennung der Tatsache, daß die Entwicklung aller politischen Ordnung, die sich durchsetzen konnte, diesem Grundsatz folgte. Allerdings geschah das noch nicht im Licht der europäischen oder Weltöffentlichkeit, und die moralischen Bedenken des einen oder anderen Autors, oft genug nur im geheimen niedergeschrieben, blieben ohne Folgen. Weder Frankreich noch England noch Rußland oder Italien, um nur diese Beispiele zu nennen, entstanden ohne die Unterwerfung von Gebieten und nachfolgende Einschmelzung etwa widerstrebender Teile. Die USA sind nur ein letztes Beispiel in dieser Reihe. Ihre politische Basis wurde im 19. Jahrhundert geschaffen in einer ununterbrochenen Folge von Kriegen, nicht nur gegen die Ureinwohner, sondern auch gegen die Nachbarn. Bereits 1812 griffen die Vereinigten Staaten Kanada an mit dem Ziel, es der Union einzugliedern, es folgten Kriege gegen Mexiko, die mit der Eroberung von Florida, Texas und New Mexico endeten, und schließlich noch der Konflikt mit Spanien um den Besitz von Kuba.

Es ist dieser Rekurs auf die Verbreitung des Krieges als Mittel der Politik aber gar nicht gedacht als Rechtfertigung der preußischen, so wenig wie man aus der Üblichkeit einer Handlungsweise auf ihre Sittlichkeit schließen kann. Vielmehr sollte die Argumentation Friedrichs dergestalt ernstgenommen werden, daß man sie auch auf den *roi philosophe* bezieht. Freyer hat den Zusammenhang zwischen dem *Anti-Machiavel*, der tatsächlichen Politik des Königs und der Aufklärung dahingehend zusammengefaßt, daß Friedrich niemals mit seinen Überzeugungen gebrochen habe: Der »Herrschaftsvertrag«, von dem die Staatstheorie seit Hobbes und Locke sprach, erfüllte sich im aufgeklärten Absolutismus, das »Glück der Menschen« in den Maßnahmen zur Wiederherstellung der östlichen Provinzen, die »Gerechtigkeit« im Rechtsstaat, die »Kunst« in dem Ausbau Potsdams, und eben der »Ruhm« – der durchaus zu den notwendigen Attributen des Herrschers gerechnet wurde – in der Eroberung Schlesiens.

Es ist dieser Hinweis auch wichtig im Zusammenhang mit der Entstehung des Textes von Freyer, den dieser 1943/44 niederschrieb, der aber zu seinen Lebzeiten nicht veröffentlicht wurde. Freyer hat ihn ganz bewußt im Kontrast zur Herrschaftspraxis eines Regimes entworfen, das sich gerne auf das Vorbild Preußens und insbesondere Friedrichs des Großen berief, aber in seiner Halt- und Hemmungslosigkeit gerade jene Tradition verriet, die man bevorzugt in Anspruch nahm. Hitler kannte weder den Glauben des Soldatenkönigs an die Nemesis Gottes, der die Taten des schlechten Monarchen zeitlich und ewig strafen werde, noch den Glauben Friedrichs an die sittliche Kraft der Vernunft.

Militaristisch?

Wahrscheinlich hätte der Eindruck der Kriegslüsternheit in bezug auf Preußen niemals aufkommen können, wenn nicht der »Militarismus« eine so offensichtlich beherrschende Kraft in diesem Staat gewesen wäre. Unter Militarismus sei hier nicht nur die Existenz einer starken Streitmacht verstanden, sondern die Durchdringung der ganzen Gesellschaft mit kriegerischen Wertvorstellungen und eine entsprechende Ausrichtung ihrer Institutionen. Militarismus in diesem Sinn hat es in der Vergangenheit häufiger gegeben. In einem ge-

Die preußische Dimension: politisch

wissen Maß waren die meisten Primitiven »militaristisch«, ganz sicher läßt sich die Bezeichnung auf das antike Sparta und vorübergehend auf das antike Rom anwenden, in der Neuzeit allerdings steht das Beispiel Preußen einsam da. Nach einem oft zitierten Bonmot Mirabeaus war Preußen kein Staat, der eine Armee besaß, sondern eine Armee, die einen Staat besaß.

Daß eine Entwicklung in diese Richtung stattfinden würde, ließ sich in den Anfängen der brandenburgisch-preußischen Geschichte kaum absehen. Das Land blieb während des Dreißigjährigen Krieges dem Angriff von außen fast schutzlos preisgegeben. Außerdem verhinderte die ständische Mitregierung bis in die Zeit des Großen Kurfürsten die Aufstellung einer schlagkräftigen Armee, weil man die ungeheuren finanziellen Belastungen scheute. Deshalb wurden die verschiedenen Bündnisse, die Friedrich Wilhelm in rascher Folge schloß, immer auch darauf berechnet, durch Subsidien an Mittel zu kommen, die ihm neue Rüstungen erlaubten. 1653 waren in Brandenburg gerade noch achthundert Mann verblieben, im Herzogtum Preußen bestand lediglich die »Landesdefension«, um die militärische Verteidigung der Provinz selbst zu gewährleisten. Aber bereits zwei Jahre später verfügte der Kurfürst über 20 000 Mann, die in der Schlacht bei Warschau

Militaristisch?

den Waffenruhm der brandenburgisch-preußischen Truppen begründeten. Zwar folgte nach dem Ende des Schwedisch-Polnischen Krieges eine neue Verringerung, aber die Grundlage für ein stehendes Heer war gegen die hartnäckige Opposition der Landtage geschaffen. Beim Tod des Großen Kurfürsten verfügte das Land bei nur einer Million Einwohner über eine Armee mit 31000 Mann und war damit neben Österreich die erste deutsche Militärmacht.

Wie auf so vielen Feldern, so auch auf diesem, bedeutete die Herrschaftszeit Friedrichs III., dann Friedrichs I., einen Rückschritt. Die immensen Kosten der Hofhaltung ließen keine Vergrößerung und Verbesserung der Armee zu. Das änderte sich mit dem »Umsturz« (Gerhard Oestreich) von 1713, dem Regierungsantritt Friedrich Wilhelms I. Berühmt wurde eine seiner ersten Anordnungen, mit der er den Potsdamer Lustgarten in einen Exerzierplatz verwandelte. Ohne Zweifel bestand der Beiname »Soldatenkönig« zu Recht. Er, der sparsam bis zum Geiz war, stattete sein Militär großzügig aus und vergrößerte die Armee ununterbrochen: von 46 000 Mann im Jahr 1715, auf 56 575 im Jahr 1720, 66 861 im Jahr 1729 und 76 278 in seinem Todesjahr 1740; angesichts der Einwohnerzahl von etwa 2,4 Millionen Menschen eine immense Stärke.

Friedrich Wilhelm I. war aber nicht nur der Vater der preußischen Armee, sondern auch der Vater des preußischen Militarismus. Mit seiner Liebe zu allem, was mit Soldaten zusammenhing – bekannt blieb die Leidenschaft für die »Langen Kerls« der Garde –, hing die Vorstellung zusammen, es sei der Gesellschaft insgesamt bekömmlich, nach dem Muster von Kaserne und Exerzierplatz organisiert zu werden. Der König richtete nicht nur Wirtschaft, Handel und Erwerb entsprechend aus, er führte auch militärische Konzepte in jeden zivilen Bereich staatlicher Verwaltung ein.

Allerdings darf man sich keine übertriebene Vorstellung von den Durchgriffsmöglichkeiten selbst dieses absolutistischen Monarchen machen. Das berühmte Kantonsreglement von 1733, das einen großen Teil der Rekrutierung für die Armee durch Landeskinder sicherstellen sollte, funktionierte nur sehr bedingt. Im übrigen war schon wegen der Sorge, daß das Einziehen von Untertanen die Ökonomie schädigen könnte, der Rückgriff auf Ausländer unabdingbar. Die Soldaten standen für gewöhnlich nur ein Vierteljahr bei ihren Einheiten, die übrige Zeit arbeiteten sie als Freigänger auf dem Lande. Die sogenannte Kompagniewirtschaft bot den Kapitänen, die die Versorgung ihrer Truppe auf eigene Faust regelten und den Soldaten alles verkauften, was diese – auch für den Dienst –

Militaristisch?

benötigten, manche Möglichkeit zu finanziellem Unterschleif. Um der Gefahr der Desertion vorzubeugen beziehungsweise durch die Behandlung gefaßter Fahnenflüchtiger andere abzuschrecken, wurden barbarische Strafen verhängt: das berüchtigte Gassenlaufen, das Spannen auf den Bock, im Wiederholungsfall die Hinrichtung.

Die außerordentliche Härte des Soldatenlebens im 18. Jahrhundert kommt heute noch in den Erinnerungen Ulrich Bräkers, des »armen Manns in Toggenburg«, eines Schweizers, der in preußischen Dienst geraten war, zum Ausdruck. Aber es ist unwahrscheinlich, daß sich das preußische Militär in dieser Hinsicht von dem anderer Länder seiner Zeit unterschied. Obwohl sich unter Friedrich dem Großen wenig an der Behandlung der Gemeinen änderte, wird man doch der Feststellung Franz Uhle-Wettlers folgen müssen, »... daß Terror niemals die Grundlage für Leistungen sein kann, wie Friedrichs Truppen sie erbracht haben«. Der König war bei seinen Soldaten trotz des drakonischen Dienstes durchaus populär. Das hing nicht nur mit seiner großen persönlichen Tapferkeit zusammen – er ging während der Kriege mehr als einmal selbst zum Angriff vor –, es war auch Folge der Qualität seiner Menschenführung. In Erinnerung an die friderizianische Zeit schrieb der ehemalige Kavalleriegeneral Tempelhof:

»Durch seine so ganz ungezwungene Herablassung machte er sich zum Herrn über das Herz seiner Soldaten, und diese vergaßen alles, was sie ausgestanden hatten, wenn er ihnen nach einem beschwerlichen und alle ihre Kräfte erschöpfenden Marsch einen guten Morgen bot. Die finstern benarbten Gesichter der alten Krieger heiterten sich dann auf, Freude und Munterkeit lief durch alle Glieder, und ihr bis zur Begeisterung erhöhter Mut wünschte nur eine Gelegenheit, sich in seiner völligen Stärke zu zeigen. Nicht selten erlaubte er ihnen, ihn anzureden, unterhielt sich mit ihnen, besonders wenn er wichtige Unternehmungen im Sinne hatte, über Gegenstände, die sich darauf bezogen, und hörte zuweilen dabei ihre gegen ihn selbst gerichteten Scherze mit Geduld an, wenn sie auch etwas ins Plumpe fielen.«

Diese Leutseligkeit widerspricht allerdings nur zum Schein der Tatsache, daß Friedrich die Soldaten als Instrumente seines Willens betrachtete. Dasselbe galt für die Offiziere. Es hat oft irritiert, daß der König deren kastenartige Abschließung, die schon sein Vater begonnen hatte, noch verstärkte. Während der Große Kurfürst bedeutende Heerführer, vor allem Georg (von) Derfflinger, aus dem Bürgertum aufsteigen ließ, galt seit dem 18. Jahrhundert die Zugehörigkeit zum Adel in Preußen als unabdingbare Voraussetzung für die

Militaristisch?

Offizierslaufbahn. Der dann berühmt gewordene Korpsgeist der preußischen Offiziere resultierte daraus, daß der Soldatenkönig gegen jeden Anschein des Frondierens mit unnachgiebiger Härte vorging, aber gleichzeitig eine besondere Fürsorge für seine Offiziere zeigte und das Standesbewußtsein des Adels auf die Offiziere insgesamt übertrug. Er legte Wert darauf, sie alle persönlich zu kennen und schon dadurch an seine Person und das Haus Brandenburg zu binden. Gleichzeitig wandelte er die Vorstellung vom »Beruf« des Offiziers um in ein besonderes Treueverhältnis: Jeder Offizier hatte sich zu verpflichten, nur dem König von Preußen zu dienen und nur aus seiner Hand den Abschied zu nehmen. Innerhalb dieser militärischen Elite gab es ein hohes Maß symbolischer Egalität, die auch darin zum Ausdruck kam, daß der König eine Offiziersuniform wie alle anderen trug: »Fähnrich und Feldmarschall stehen als des Königs Offiziere in der Ehre völlig gleich.« Friedrich Wilhelm I. war besonders stolz darauf, durch die Kadettenanstalten den Nachwuchs für das Offizierskorps gesichert zu haben. Am 1. September 1717 wurde das Königlich Preußische Corps de Cadets gegründet. Friedrich der Große folgt auch hier dem väterlichen Vorbild, zumal er in den Schlesischen Kriegen erlebt hatte, welche ausgezeichneten Offiziere in den Kadettenhäusern herangebildet worden waren. In den Anstalten erzog man vornehmlich die Söhne von gefallenen, vermögenslosen oder verdienten Offizieren. Friedrich privilegierte den Adel zwar noch stärker als der Vater, vor allem was die Unveräußerlichkeit seines Grundbesitzes betraf. Er ging ihm aber auch wieder als Vorbild voran. Wie sein Vater trug Friedrich den einstmals so verhaßten »Sterbekittel«, die preußische Uniform, als Arbeits- und Feierkleidung.

Entgegen einer verbreiteten Anschauung wird man nicht sagen können, daß nach dem Tod Friedrichs des Großen Anstrengungen unterblieben, die notwendige Weiterentwicklung der Armee zu verfolgen. Es kann auch keine Rede davon sein, daß die gepreßten Söldnerheere in den Kriegen gegen die Revolutionsarmeen unterlagen, weil dort von ihrer Sache Überzeugte kämpften. Nicht nur lagen die Desertionsraten der Franzosen wesentlich höher als die der Preußen und ihrer Alliierten, in offener Feldschlacht konnten sich überhaupt nur Einheiten behaupten, die nach dem älteren System gedrillt waren, »in Linie« zu kämpfen. Die Erfolge der Revolution beruhten nicht auf einem Mehr an Begeisterung als vielmehr auf der Fähigkeit, die ganze Nation zu mobilisieren, die »levée en masse« gegen ein Berufsheer aufzubieten ohne Rücksicht auf Verluste. Das Wort »Men-

Militaristisch?

schenmaterial« geht bezeichnender Weise nicht auf einen preußischen Heerführer, sondern auf Napoleon zurück.

Trotzdem hat die Konfrontation mit Frankreich und insbesondere die Niederlage von 1806 Preußen gezwungen, sich der neuen Zeit anzupassen. Scharnhorst schrieb damals in einem Brief an Clausewitz:

»Man muß der Nation Selbständigkeit einflößen, man muß ihr Gelegenheit geben, daß sie mit sich selbst bekannt wird, daß sie sich ihrer selbst annimmt, nur erst dann wird sie sich selbst achten und von anderen Achtung zu erzwingen wissen. ... Die alten Formen zerstören, die Bande des Vorurteils lösen, die Wiedergeburt leiten, pflegen und sie in ihrem freien Wachstum nicht hemmen, weiter reicht unser hoher Wirkungskreis nicht.«

Scharnhorst und Clausewitz gehörten neben Gneisenau und Boyen zu den führenden Köpfen der Militärreform, die nach 1807 in Preußen eingeleitet wurde. Sie diente nicht nur dem Zweck der geheimen Aufrüstung, um im Eventualfall das napoleonische Joch abzuschütteln, sondern auch dem Ziel eines weitgehenden Umbaus der Armee. Nicht auf allen Gebieten kam man dabei ans Ziel, etwa bei der Absicht, alle Adelstitel einzuziehen und ihre Erneuerung nur zuzulassen, wenn im Kampf die Eignung nachgewiesen worden war, oder bei dem Verlangen, Offiziersstellen bloß nach Qualifikation zu vergeben. Aber auf anderen Feldern waren die Ergebnisse richtungweisend. Das betrifft einmal die Vorbereitung der allgemeinen Wehrpflicht und die Festlegung, daß auch der einfache Soldat als Ehrenmann zu behandeln sei, was bedeutete, daß die alten Strafen wegzufallen hatten. Galt in Preußen also seit dem Beginn des 19. Jahrhunderts die »Freiheit des Rückens«, hat man in den übrigen europäischen Staaten die Prügelstrafe weiter beibehalten: Bayern schaffte sie erst 1848 ab, Österreich erst 1866, in Großbritannien blieb es bei der – meistens auch noch außerordentlich brutal vollzogenen – Bestrafung bis 1868, im Feld bis 1881, in den Militärgefängnissen bis 1907.

Am wichtigsten erscheint aber die Veränderung des soldatischen Leitbilds insgesamt. War bis dahin angestrebt worden, den Soldaten wie eine Maschine funktionieren zu lassen, so sollte er, vor allem aber Unteroffiziere und Offiziere, jetzt zu größerer Eigenständigkeit erzogen werden. Obwohl das preußische Heer im ganzen 19. Jahrhundert immer ein »Königsheer« war und alle Versuche des nach der Revolution von 1848/49 eingerichteten Parlaments, eine stärkere Kontrolle über diese Institution auszuüben, scheiterten, wird man sich doch keine abwegigen Vorstellungen

Militaristisch?

über die »Unfreiheit« des preußischen Soldaten machen dürfen. In einem Essay von 1860 über den preußischen »Offiziersgeist« aus der Feder des Prinzen Friedrich Karl von Preußen, dem nachmaligen Oberbefehlshaber der 2. Armee im Deutsch-Französischen Krieg, hieß es:

»Wir lassen ... dem Ingenium des Einzelnen freieren Lauf, treiben die Kunst laxer und unterstützen jeden Erfolg selbständig selbst da, wo es gegen die Absichten eines Oberfeldherrn ... gewesen sein würde«.

Von der Eigenmächtigkeit, mit der Seydlitz bei Zorndorf gegen den ausdrücklichen Befehl Friedrichs vorging und damit den preußischen Sieg sicherte, bis zur »Auftragstaktik« der Bundeswehr zieht sich eine entsprechende Tradition des deutschen Militärs. Der israelische Militärtheoretiker Martin van Creveld hat dieses höhere Maß an Selbständigkeit zur Ursache dafür erklärt, daß dem deutschen Heer im »... Hinblick auf Moral, Elan, Truppenzusammenhalt und Elastizität ... unter den Armeen des zwanzigsten Jahrhunderts keine ebenbürtig« gewesen sei.

Wenn also solchermaßen die meisten Klischees über den preußischen Militarismus in das Reich der Legende gehören, so wird man doch nicht bestreiten können, daß die außerordentliche Hochschätzung alles Militärischen in der preußischen

Die preußische Dimension: politisch

Gesellschaft die Gefahr einer gewissen Borniertheit in sich barg. Man muß dabei gar nicht auf die Karikatur zurückgreifen, die Heinrich Mann in seinem *Untertan* lieferte, es genügt, auf das zu hören, was selbst ein großer Liebhaber Preußens, Theodor Fontane, mit kaum verhohlenem Unmut äußerte:

»Es gibt eine preußische Beschränktheit, die nur drei Glaubensartikel hat: Erstes Hauptstück: ›Die Welt ruht nicht sicherer auf den Schultern des Atlas als der preußische Staat auf den Schultern der preußischen Armee.‹ Zweites Hauptstück: ›Der preußische Infanterieangriff ist unwiderstehlich.‹ Und drittens und letztens: ›Eine Schlacht ist nie verloren, solange das Regiment Garde du Corps nicht angegriffen hat.‹«

Die sogenannte Zabern-Affäre, die unmittelbar vor dem Ausbruch des Ersten Weltkriegs die Öffentlichkeit beschäftigte, zeigte wie im Brennglas die Probleme, die ein das ganze Sozialleben erfassender »Militarismus« heraufbeschwören konnte: Nachdem im November 1913 der Leutnant einer Garnison im elsässischen Ort Zabern mehrere beleidigende Äußerungen gegen Einheimische gemacht hatte, und dafür nicht zur Rechenschaft gezogen worden war, kam es zu Belästigungen von anderen Garnisonsoffizieren durch Zivilisten, was wiederum zu Verhaftungen auf Befehl des Regimentskommandeurs führte, die durch ein Kriegsgericht gedeckt wurden. Die Versuche des Reichskanzlers, dagegen vorzugehen, scheiterten in skandalöser Weise, was den Reichstag zu einer – in dieser Form erstmals vorgetragenen – Mißbilligung der Regierungshaltung brachte. Der Vorgang war als solcher natürlich belanglos, spiegelte aber das unangemessene Gewicht, das dem Militär auch in Bereichen zugebilligt wurde, in denen es eigentlich keine Handlungskompetenz besaß. In gewisser Weise bereiteten sich darin psychologisch die Auseinandersetzungen zwischen Oberster Heeresleitung und Reichsregierung während des Weltkrieges vor. Allerdings muß man sich auch hier vor Verzeichnungen hüten: Streitigkeiten zwischen Oberkommando und ziviler Führung gab es in allen kriegführenden Staaten, und die Gewichte konnten sich – wie in Frankreich – durchaus weiter zu Gunsten der militärischen Seite neigen als in Deutschland.

Reaktionär?

Bei dem geschilderten Konflikt spielte auf seiten des Offizierskorps eine Vorstellung vom naturgegebenen Vorrang der Armee mit, wie sie Elard von

Die preußische Dimension: politisch

Oldenburg-Januschau in einer Rede vor dem Reichstag am 29. Januar 1910 folgendermaßen zum Ausdruck brachte: »Der König von Preußen und Deutsche Kaiser muß jeden Moment imstande sein, zu einem Leutnant zu sagen: Nehmen Sie zehn Mann und schließen Sie den Reichstag.« Das war die Sprache des reaktionären Junkers, wie sie ins Bild paßt, das sich viele von Preußen machen. Es ist das Preußen des ausgehenden 19. und beginnenden 20. Jahrhunderts, das Preußen des immer noch fortgeltenden Dreiklassenwahlrechts, das den Konservativen sichere Mehrheiten verbürgen sollte, das Preußen, das anachronistische Vorrechte für den Adel bewahrte. Gerade darin sahen viele, auch viele, die Preußen für das bewunderten, was es für Deutschland geleistet hatte, einen Krebsschaden.

Es sei an dieser Stelle noch einmal Fontane zitiert, gerade weil er dem konservativen preußischen Adel im *Stechlin* ein unvergängliches Denkmal gesetzt hat. In einem Brief an Georg Friedländer vom 12. April 1894 heißt es:

»Von meinem vielgeliebten Adel falle ich mehr und mehr ganz ab, traurige Figuren, beleidigend unangenehme Selbstsüchtler von einer mir ganz unverständlichen Borniertheit, an Schlechtigkeit nur noch von den schweifwedelnden Pfaffen (die immer an der Spitze sind) übertroffen, von diesen

Reaktionär?

Teufelskandidaten, die uns diese Mischung von Unverstand und brutalem Egoismus als ›Ordnungen Gottes‹ aufreden wollen. Sie müssen alle geschmort werden. Alles antiquiert! Die Bülows und Arnims sind 2 ausgezeichnete Familien, aber wenn sie morgen von der Bildfläche verschwinden, ist es nicht bloß für die Welt (da nun schon ganz gewiß), sondern auch für Preußen und die preußische Armee ganz gleichgültig, und die Müllers und Schultzes rücken in die leer gewordenen Stellen ein. Mensch ist Mensch. Goethe würde sich gehütet haben, es zu bestreiten; aber jeder agrarische Schafzüchter prätendiert eine Sonderstellung. Indessen der Krug geht so lange zu Wasser, bis er bricht ...«

Allerdings fügte Fontane ein Jahr später genauer hinzu:

»Die Welt wird noch lange einen Adel haben, und jedenfalls wünsche ich der Welt einen Adel, aber er muß danach sein, er muß eine Bedeutung haben für das Ganze, Vorbilder stellen, große Beispiele geben und entweder durch geistig moralische Qualitäten wirken oder diese Qualitäten aus reichen Mitteln unterstützen.«

Abgesehen von dem persönlichen Unmut, der in diesen Schreiben Fontanes spürbar wird, und auf den hier nicht weiter einzugehen ist, gibt es zu viele ähnliche Zeugnisse, als daß man ihren Gehalt einfach ignorieren dürfte. Tatsächlich scheint der preußische Adel im 19. Jahrhundert an das Ende seiner Entwicklungsmöglichkeiten gekommen zu sein. Er hatte sich aus verschiedenen historischen Gründen nicht zu einer halbbürgerlichen Oligarchie wie in England umgebildet, er war auch keiner Revolution zum Opfer gefallen wie in Frankreich, seine Stellung war aber auch nicht so (scheinbar) unerschütterlich wie in Rußland. Er hatte seine Legitimität lange Zeit aus der Bedeutung des Landbesitzes und – das vor allem – aus seiner Bedeutung für den Militärdienst ableiten dürfen. Noch im Deutsch-Französischen Krieg war der Anteil der gefallenen Offiziere zweieinhalb mal höher als ihr Anteil an der Kampfstärke der Truppen überhaupt. Aber die Tage eines »Schwertadels« waren gezählt, auch in Preußen.

Das bedeutete, daß sich die Privilegien der Aristokratie immer mehr als unbegründete Sonderrechte darstellten und »ihre« Konservativen immer weniger als Weltanschauungs-, sondern als Interessenpartei erschienen. Die Gefahr einer solchen Degeneration hatte Ernst Ludwig von Gerlach, der Gründer der preußischen konservativen Partei, schon 1850 beschworen:

»Es genügt nicht, daß wir die Heiligkeit des Eigentums proklamieren und immer wieder proklamieren. Das Eigentum ist nur heilig als Amt von

Reaktionär?

Gott. Es ist nur heilig wegen der Pflichten, in Beziehung auf die Pflichten und in engster Verbindung mit den Pflichten, die darauf haften. Es ist nur heilig in den Händen derer, die nicht für sich besitzen. Wie der Adel nicht um der Edelleute, so ist der Besitz nicht um der Besitzenden willen da. Abgelöst von den göttlichen Institutionen, ohne die darauf haftende Amtspflicht, ist das Eigentum nicht heilig, sondern wie alle Selbstsucht unheilig, ja schmutzig. Der Kommunismus ist eine Absurdität. Aber nicht minder absurd ist der selbstsüchtige Konservatismus, der für seine Selbstsucht den Schutz der Obrigkeit von des Gottes Gnaden anruft, der die Liebe selbst, mithin die Quelle aller Selbstverleugnung ist. Dem Konservatismus gegenüber, der das Eigentum nur als Genußmittel konservieren will, ist der Kommunismus in seinem Rechte. Und niemand tut ihm mehr Vorschub, als wer das Eigentum von den darauf haftenden obrigkeitlichen und menschlichen Pflichten möglichst trennt ...«

Es ist diese Haltung keineswegs bloße Theorie geblieben. Von den Anfängen des sozialen Wohnungsbaus in Preußen, die wesentlich auf Initiative des Konservativen Victor Aimé Huber zurückgingen, über die Maßnahmen gegen den Pauperismus, die von den Kirchen getragen wurden – genannt sei hier nur die von Johann Hinrich Wichern geschaffene »Innere Mission« –, bis zur Bismarckschen Sozialgesetzgebung und den Ideen der »Kathedersozialisten« über einen konservativen und preußischen »Staatssozialismus« zieht sich eine Linie. Aber getragen wurde diese Strömung nur noch von einem kleinen Teil der alten Führungsschicht des Landes.

Vielfach kamen in dem Zusammenhang Impulse zur Wirkung, die man ihrem Ursprung nach kaum »konservativ«, noch weniger »reaktionär« nennen kann. Schon im 18. Jahrhundert erschien Preußen eher als Spitze der »fortschrittlichen« Bewegung. Die Effizienz der Verwaltung und der Armee, die Friedrich Wilhelm I. begründet hatte, die Unerbittlichkeit, mit der er den einheitlichen Verwaltungsaufbau vorantrieb, der 1723 in der Schaffung des »Generaldirektoriums« – eigentlich: »General-Ober-Finanz-Kriegs- und Domänen-Direktorium« – gipfelte, vermittelten Zeitgenossen gerade den Eindruck beängstigender Modernität. Erst recht sprach die Aufgeklärtheit seines Sohnes, die Rationalität von dessen innerer wie äußerer Politik für anderes als ein Zurückgebliebensein. Goethe mutmaßte, Friedrich der Große sei eigentlich ein »Jakobiner« gewesen in seiner Entschlossenheit, mit Traditionen zu brechen und die Ordnung des Gemeinwesens auf Vernunft zu gründen.

Reaktionär?

Ein ähnlicher Vorwurf wurde immer wieder auch gegen die preußischen Reformer erhoben. Und vieles mußte aus der Sicht der altpreußischen Fronde um einen Mann wie Friedrich August Ludwig von der Marwitz für diese Annahme sprechen: die Aufhebung des Zunftzwangs und die Einführung der Gewerbefreiheit, die Beseitigung der Erbuntertänigkeit und die Emanzipation der Juden, das Avancement im Staatsdienst nach Maßgabe der Leistung und die zentrale Stellung von Schul- und Universitätsabschluß bei der Auswahl des Führungsnachwuchses, schließlich die Forderung nach Selbstverwaltung der Städte und einer »Nationalrepräsentation«, der allmählich die Befugnisse eines Parlaments zuwachsen sollten. Es war schon darauf hingewiesen worden, daß der Kreis um Scharnhorst insgeheim entschlossen war, noch weiter zu gehen, und nicht nur das alte Söldnerheer ganz durch ein modernes Volksheer zu ersetzen, sondern auch den Adel in seiner bisherigen Form zu beseitigen: an Stelle einer Aristokratie eine Meritokratie zu schaffen.

Allerdings zeigt sich nicht nur an der Methode, der »Revolution von oben« im Gegensatz zur »Revolution von unten« wie sie in Frankreich stattgefunden hatte, sondern auch an den Zielen, daß Männer wie Stein, Hardenberg, Scharnhorst und

Gneisenau eben keine Jakobiner waren. Ihre Absicht lag gerade nicht darin, einen totalen Bruch mit der Vergangenheit herbeizuführen. Die Meinungen, wieviel von dem Bestehenden fortentwickelt werden könnte, schwankten, aber niemand plante eine Gesellschaft vom Reißbrett neu zu schaffen. Insbesondere gab man sich auch keiner Illusion hin, was die Auflösung aller Bindungen für den einzelnen bedeuten würde. Die in der Deutschen Bewegung der Zeit diskutierte Trias Volksheer – Volkserziehung – Volkskultur bildete für die Reformer eine entscheidende Grundlage ihres Denkens.

Auch wenn sie viele ihrer Pläne nicht verwirklichen konnten, wurde die politische Phantasie in Deutschland bis weit in das 20. Jahrhundert immer wieder angeregt durch diese Ideen. Vor allem bildete die Reformzeit auch eine Brücke zu den Liberalen. Sicherlich wird man sagen müssen, daß der Liberalismus unter allen Weltanschauungen des 19. Jahrhunderts Preußen am fremdesten gegenüberstand, was angesichts der Hochschätzung des Individuums nicht verwundern kann. Gerade unter den Männern des Vormärz und der Revolution von 1848 waren viele erbitterte Gegner Preußens. Die fanden sich naturgemäß auf dem linken Flügel, bei den Demokraten. Der 1875 verstorbene Georg Herwegh etwa

Reaktionär?

wies seinen Sohn an, zu gegebener Zeit den Satz »Freue Dich, Vater, Preußen besteht nicht mehr« auf seinem Grabstein anzubringen. Dagegen hat der Sozialist Ferdinand Lassalle nicht nur im persönlichen Gespräch mit Bismarck einen Ausgleich zwischen Staat und Arbeiterbewegung gesucht, in einem Text von 1858 schrieb er auch anerkennend über Friedrich den Großen, dieser habe nicht Krieg geführt wie andere Fürsten seiner Zeit Kriege führten, sondern eine »Insurrektion« gegen das anachronistisch gewordene Heilige Römische Reich versucht, »... eine Insurrektion, die er durchkämpfte wie ein echter, auf sich selbst gestellter Revolutionär, das Gift in der Tasche!« Unter den deutschen Sozialisten war diese positive Einschätzung Preußens allerdings keineswegs verbreitet, es überwog wie bei den Demokraten die Kritik.

Wirklich versöhnungsbereit zeigte sich nur das liberale Zentrum. Auffällig, wie viele erbitterte Feinde Preußens sich bekehrten, vor allem nachdem es mit Bismarck die Sache der Reichseinigung übernommen hatte. Rudolf Haym, liberales Mitglied der Paulskirche, schrieb nach dem Scheitern der Revolution: »Erfahrung ... erzeugt Respekt vor den Tatsachen, geschichtlichen Sinn«, und, so fügte er hinzu, eine »praktische Tendenz«, die danach fragen lasse, auf welchem Weg sich politische

Ziele eigentlich verwirklichen ließen. Unter den gegebenen Umständen sprach alles für die Anlehnung an das – seit 1850 immerhin mit einer Verfassung versehene – Preußen, um das wichtigste liberale Ziel zu erreichen: einen nationalen Verfassungsstaat. Ganz ähnlich wie Haym argumentierte auch Max Duncker, der darüber hinaus bei einer Bewertung der preußischen Geschichte zu einer positiven Neueinschätzung sowohl der Reformer als auch des aufgeklärten Absolutismus kam. Beide Entwicklungen erschienen ebenso wie die tragende Rolle des Militäradels unabdingbar angesichts der »friderizianischen Koalition«, von der die Existenz des Landes permanent bedroht wurde.

Haym und Duncker gehörten zu der sehr einflußreichen Gruppe um die *Preußischen Jahrbücher*, einem Hauptorgan des kleindeutschen nationalen Liberalismus. Man muß diesem Kreis auch noch Heinrich von Treitschke zurechnen. Alle diese Männer waren in ihrem Denken stark von Hegels Staatsidee und der darin zum Ausdruck kommenden Anerkennung des Faktors Macht in der Politik geprägt worden. Einen weiteren entscheidenden Anstoß hat man durch Friedrich August Ludwig von Rochau empfangen. Rochau war wie die übrigen genannten ein Liberaler, mußte sogar nach dem Scheitern der Revolution für eine gewisse Zeit ins Exil gehen. Auch für ihn war die Niederlage des Liberalismus eine entscheidende Lektion, die ihn zur Abfassung eines Buches veranlaßte, das mit der denkwürdigen Feststellung beginnt,

»... daß das Gesetz der Stärke über das Staatsleben eine ähnliche Herrschaft ausübt wie das Gesetz der Schwere über die Körperwelt. Die ältere Staatswissenschaft hatte diese Wahrheit vollkommen inne, aber sie zog eine falsche und verderbliche Folgerung aus derselben – das *Recht* des Stärkeren. Die Neuzeit hat diesen unsittlichen Fehlschluß berichtigt, aber indem sie sich von dem angeblichen Rechte des Stärkern lossagte, war sie nur allzu geneigt, auch wirkliche Macht des Stärkern und die Notwendigkeit ihrer staatlichen Geltung zu verkennen.«

Der Titel des Buches war *Realpolitik*. Für gewöhnlich wird der Begriff »Realpolitik« mit dem Namen Bismarck verknüpft, und tatsächlich hat Bismarck wohl am stärksten reflektiert und praktiziert, was man Realpolitik nannte, in dem Versuch, dem »flüssigen Element«, das in aller Politik wirkt, eine Richtung zu geben. Es ist das immer wieder als Opportunismus oder Prinzipienlosigkeit mißverstanden worden, dabei geht es im Kern nur um die Anerkennung des Sachverhalts, daß der dauernde Wandel des Politischen keine Festlegung ein für allemal erlaubt. Im Gespräch mit dem österreichischen Historiker und Publizisten Heinrich Friedjung äußerte Bismarck noch kurz vor seinem Tod:

»Es hieße das Wesen der Politik verkennen, wollte man annehmen, ein Staatsmann könne einen weit ausgehenden Plan entwerfen, und sich als Gesetz vorschreiben, was er in einem, zwei oder drei Jahren durchführen wolle. ... Man kann sich nur im großen die zu verfolgende Richtung vorzeichnen; diese freilich muß man unverrückt im Auge behalten, aber man kennt die Straßen nicht genau, auf denen man zu seinem Ziele gelangt. Der Staatsmann gleicht einem Wanderer im Walde, der die Richtung seines Marsches kennt, aber nicht den Punkt, an dem er aus dem Forste heraustreten wird.«

Es kann diese Grundeinstellung helfen, die eigenartige Verbindung konservativer und revolutionärer Momente im Denken und Handeln Bismarcks zu erklären. Dabei mag auch ein Nebenaspekt erhellend wirken: Bei einer Untersuchung von Bismarcks Aussagen zur deutschen Geschichte wurde erkennbar, daß er bis zum Ausgang des Mittelalters seine Sympathien eindeutig zu Gunsten der Kaiser und gegen die Reichsfürsten äußerte, für die Zeit nach der Reformation und endgültig nach dem Dreißigjährigen Krieg aber

Reaktionär?

eine Art Widerstandsrecht der Landesherren, vor allem der brandenburgisch-preußischen, behauptete.

Auch darin lag nur bei oberflächlicher Betrachtung ein Widerspruch. Bismarck beurteilte die politischen Ordnungen nicht wie viele Konservativen unter dem Gesichtspunkt einer übergeschichtlichen Legitimität. Das zu Recht bestehende muß dieses Recht auch behaupten können. Daher die Mitleidlosigkeit, die ihm den Zorn vieler Standesgenossen eintrug, bei der Annexion fremder deutscher Territorialstaaten zu Gunsten der preußischen Krone, daher auch die demonstrative Ignoranz gegenüber der Frage einer stabilen – monarchischen – Verfassung Frankreichs, die aus der Sicht eines konservativen Internationalismus wünschenswert, aus der Perspektive preußischer Interessen aber ein höchst zweifelhafter Segen war, weil so der Nachbar möglicherweise rascher zum neuen Kampf bereit sein mochte.

Bismarcks Offenheit für ein Zusammengehen mit revolutionären Kräften ließe sich an mehreren Beispielen zeigen, aber das könnte dann zu der Verzeichnung führen, als habe man es bei ihm mit einer Figur fast des 20. Jahrhunderts zu tun. Von der entsprechenden Bedenkenlosigkeit blieb er aber immer weit entfernt. Bismarck hat die kriegslüsternen Tiraden »alldeutscher« Nationalisten gelegentlich sarkastisch kommentiert. Nach seinem berühmten Wort steht dem Menschen angesichts der Macht der Geschichte nur Demut an:

»Der Mensch kann den Strom der Zeit nicht schaffen und nicht lenken, er kann nur auf ihm fahren und steuern, mit mehr oder weniger Erfahrung und Geschick den Schiffbruch vermeiden.« Ob das gelingen werde, stand seiner Meinung nach immer in Gottes Hand. Selbst der häufig – triumphierend oder denunzierend – wiederholte Satz von den Deutschen, die nichts fürchten als Gott und sonst nichts auf der Welt, verbot ja gerade das »... ›sicut Deus‹, dem die großen Revolutionäre so leicht verfallen« (Gustav A. Rein).

Vielleicht hat keiner so präzise das schwer Faßbare von Bismarcks Politikverständnis formuliert wie Max Weber. Webers Familie stammte aus dem Badischen, er selbst war schon durch seinen Vater liberal geprägt. Sehr früh gehörte Weber zu den Kritikern Bismarcks, dessen »Cäsarismus« er für fatal hielt, weil er die Erziehung einer politischen Elite in Deutschland unmöglich gemacht hatte. Allerdings hinderte ihn das nicht an einer distanzierten Bewunderung für den großen Mann.

Auch deshalb scheint es legitim, Webers Ansprache über *Politik als Beruf* in diesem Licht zu verstehen. Bekanntermaßen unterschied Weber hier zwischen einer »Gesinnungsethik«, die nur

Reaktionär?

nach religiösen oder ideologischen Maßstäben wertet und damit rechnet, es ließen sich alle solchermaßen gewünschten Zwecke mit entsprechenden Mitteln bewirken, etwas verkürzt, daß nur gute Mittel dazu helfen, gute Ziele zu erreichen. Jede noch so oberflächliche Betrachtung der Realität zeigt aber, daß sich diese Beziehung nur selten einstellen will:

»Keine Ethik der Welt kommt um die Tatsache herum, daß die Erreichung ›guter‹ Zwecke in zahlreichen Fällen daran gebunden ist, daß man sittlich bedenkliche oder mindestens gefährliche Mittel und die Möglichkeit oder auch die Wahrscheinlichkeit übler Nebenerfolge mit in den Kauf nimmt ...«.

Die Verantwortungsethik nimmt diesen Sachverhalt ausdrücklich zur Kenntnis, sie erträgt die »ethische Irrationalität« der Welt, resigniert darob nicht, sondern sucht einen Weg, »gute Zwecke« trotzdem zu erreichen, auch wenn die letzte Erfüllung sicher versagt bleiben wird.

Allerdings karikiert Weber den Gesinnungsethiker nicht einfach als utopistischen Narren, so wenig wie er einem moralisch blinden Utilitarismus oder Darwinismus das Wort redet. Gesinnungsethik und Verantwortungsethik sind für »den echten Menschen« niemals »absolute Gegensätze, sondern Ergänzungen«.

Die preußische Dimension: politisch

Damit scheint gültig zusammengefaßt, was man als preußischen Stil im Politischen bezeichnen könnte.

Die preußische Dimension:
——— *geistig* ———

Von Friedrich Wilhelm IV. stammt die Äußerung:

»Werfen Sie einen Blick auf die Karte von Europa, auf die Lage unseres Landes, auf unsere Zusammensetzung, folgen Sie den Linien unserer Gränzen, wägen Sie die Macht unserer Nachbarn, vor Allem werfen Sie einen geistigen Blick in unsere Geschichte! Es ist Gottes Wohlgefallen gewesen, Preußen durch das Schwerdt groß zu machen, durch das Schwerdt des Krieges nach außen, durch das Schwerdt des Geistes nach innen. Aber wahrlich nicht des verneinenden Geistes der Zeit, sondern des Geistes der Ordnung und der Zucht.«

Drei Faktoren sind hier in Zusammenhang gebracht: 1. der uns schon bekannte Hinweis auf die Bedeutung der geographischen Lage, 2. die Folgen, die diese Lage für die Verfassung des Staates haben mußte, wenn er Bestand haben sollte, 3. die Ansicht, daß diese Verfassung nicht nur eine Notwendigkeit sei, sondern auch einer bestimmten Sittlichkeit entspreche. Das Maß der individuellen Freiheit, das ein Gemeinwesen seinen Bürgern einräumt, so der britische Historiker John R. Seeley, entspricht umgekehrt proportional dem Druck, der von außen auf das Gemeinwesen ausgeübt wird. Im Falle Preußens heißt das, daß der viel beschworene Militarismus in erster Linie das Ergebnis eines Zwanges der Verhältnisse war, der zu einer Verfassung führte, in der der Entfaltung des einzelnen relativ wenig Raum gegeben werden konnte, um die Existenz des Staates selbst nicht zu gefährden. Andererseits hatte die »vernünftige Freiheit« (Helmuth von Moltke) in Preußen immer eine Heimstatt und gewann Möglichkeiten, je stabiler die Position des Landes im europäischen Staatensystem wurde.

Es ist bei der Behandlung der preußischen Geschichte vielen aufgefallen, daß – obwohl keine direkte Kontinuität zur preußischen »Vorgeschichte« bestand – gewisse Grundformen sozialer Organisation immer wiederkehrten. Vielleicht könnte man von einer Tendenz zum Musterstaat sprechen, oder poetischer ausgedrückt:

»In der Mark Brandenburg gingen die Zisterzienser, die Mönche im weißen Habit mit schwarzem Gurt und schwarzem Skapulier, die Männer vom Orden der Kolonisation, wie man ihn ge-

Die preußische Dimension: geistig

nannt hat, ... Und in jenem Herzogtum Preußen ... gaben die Deutschritter, die Herren im weißen Mantelhemd mit dem schwarzen Brustkreuz, schon damals ein erstes Beispiel der geistigen Zucht, die preußisch war ... Schwarz und weiß war das Preußische bereits in seinen Anfängen: der asketische Sinn von Zisterziensern wie Deutschherren hatte sich unwillkürlich für die Wahl dieser ernsten, abstrakten, nordischen Farben entschieden, die in ihrem Verzicht auf Buntheit eigentlich keine Farben sind – und in dem Eifer, mit dem sie ihrem freiwilligen Liebesdienste und Lebenswerke nachgingen, kündigten sich früheste und echteste preußische Züge an.« (Arthur Moeller van den Bruck)

Es war von Beginn das Ziel des Deutschen Ordens, auf dem eroberten Gebiet einen neuen Staat zu schaffen. In seiner Blütezeit, zwischen 1250 und 1400, wurden auf seine Initiative allein 93 Städte und mehr als 1400 Dörfer gegründet, eine nicht nur für die damalige Zeit ganz außerordentliche Leistung. Diejenigen, die sich als deutsche Bauern hier ansiedelten, waren rechtlich wesentlich bessergestellt als in ihrer früheren Heimat. Für die Bürger, deren Städte ebenfalls zahlreiche Vergünstigungen genossen, ergab sich bald eine fruchtbare Zusammenarbeit mit der Hanse, die der Orden ausdrücklich förderte. Auch die unterworfenen Pruzzen wurden vom Orden, wenn sie sich zum Christentum bekannten, in die Ansiedlung einbezogen. Bis zum Ende des 17. Jahrhunderts bestand das Altpreußische in Resten fort und assimilierte sich erst dann vollständig der deutschen Kultur.

Unter dem Hochmeister Winrich von Kniprode, der zwischen 1351 und 1382 die Leitung des Ordens innehatte, stieg Preußen zu einer Macht von europäischer Bedeutung auf. Die Ausübung politischer Gewalt war dabei sehr weitgehend auf die Ordensmitglieder und ihre Oberen beschränkt, aber die Wirksamkeit dieser Verwaltung war dem meisten überlegen, was im Mittelalter sonst an »Staatlichkeit« existierte. Der Deutsche Orden hat bis zu seinem Verfall im 15. Jahrhundert die hohen Ansprüche, die an den Mönchskrieger im einzelnen wie an den Ordensstaat insgesamt gestellt wurden, auf beeindruckende Weise erfüllt.

Preußische Tugenden

Selbst heute fällt es nicht schwer, die »preußischen« Tugenden aufzulisten: Ordnung, Sauberkeit, Disziplin, Pünktlichkeit, Gehorsam. Es ist natürlich nicht so, daß diese Tugenden in Preußen erfunden wurden, das meiste davon gehörte seit langem zu den Erziehungsprinzipien europäischer Kulturen, und schon bevor diese Tugenden als preußische deklariert wurden, stachen die Deutschen hervor durch Fleiß, Anstrengungswillen und die Bereitschaft, sich zu waschen (man lese diesbezüglich die empörten Berichte der Liselotte von der Pfalz über Schmutz und Gestank am französischen Hof in Versailles). Allerdings wurde in Preußen ein bis dahin nicht gekanntes Maß an systematischer Schulung solcher Eigenschaften erreicht. Es war eine harte Schulung, die ihr Muster in einem System religiöser Pädagogik gefunden hatte, dem pietistischen.

Der Pietismus war seinem Ursprung nach eine evangelische Bewegung des 17. Jahrhunderts, die die inneren Antriebe der Reformation, die in unfruchtbarer Orthodoxie zu ersticken drohten, wieder freilegen wollte. Dabei ging es vor allem um das Erlebnis persönlicher Bekehrung für den einzelnen Christen. Deshalb mußte auch der »alte Mensch« zerbrochen werden, um den »neuen Menschen« hervortreten zu lassen. Der Theologe August Hermann Francke machte es sich zur Aufgabe, diesen Prozeß in eine Erziehungslehre einzubetten, die den Heranwachsenden in dem genannten Sinn erschüttern und dann zum wahrhaft Glaubenden machen würde.

Es kann hier nicht darum gehen, die Problematik dieses Unterfangens, auch seine theologische Problematik, im einzelnen zu entfalten, wichtig ist nur, daß der preußische Pietismus, wie er vor allem durch Francke und die von ihm errichtete Erziehungsanstalt in Halle an der Saale repräsentiert wurde, einen lebhaften Einfluß gewann. Das lag nicht nur an der vorbildlichen Frömmigkeit und Sittenstrenge, sondern auch ganz allgemein an den pädagogischen Grundsätzen, die Francke vertrat und die Friedrich Wilhelm I. auf ihn aufmerksam werden ließen. Anfängliche Vorbehalte gegen ihn und die anderen »Stillen im Lande« revidierte er nach einem Besuch in Halle gleich nach seinem Regierungsantritt vollständig. Bis an sein Lebensende benutzte der Soldatenkönig das ihm von Francke geschenkte Neue Testament.

Der Pietismus – oder doch sein Substrat –, eignete sich vorzüglich als preußische »Beamtenreligion« (Klaus Deppermann), half überhaupt erst jenen Kader unbestechlicher und pflichttreuer Staatsdiener zu erziehen, ohne den kein Staat zu machen war. Noch die »hergebrachten Grundsätze des Berufsbeamtentums«, von denen im Verfassungsrecht der Bundesrepublik die Rede ist, beziehen sich eigentlich auf das in Preußen entwickelte Vorbild. Der durch den Großen Kurfürsten begonnene Aufbau der Administration, die Reorga-

Preußische Tugenden

nisation durch Friedrich Wilhelm I., der nicht zu Unrecht als »Preußens größter innerer König« bezeichnet worden ist, das alles bildete nur den Anfang einer kontinuierlichen Entwicklung. Der Pietismus war aber darüber hinaus auch Modell für eine Volkserziehung, deren Organisation der Soldatenkönig mit dem Edikt über die Schulpflicht von 1717 aufnahm, dessen Verwirklichung nicht am guten Willen der Obrigkeit, sondern am Widerstand der (bäuerlichen) Bevölkerung scheiterte.

Der Pietismus hat – wie auch die ihm folgende Erweckungsbewegung des 19. Jahrhunderts – wesentlich dazu beigetragen, die Schärfe der ständischen Unterschiede abzutragen, indem der Konventikel Bauern und Schuster, Lehrer sowie Apotheker und Gutsherrn bei brüderlichem »Du« zusammenführte. Es wäre aber verfehlt, anzunehmen, daß der Pietismus direkten Einfluß auf die Masse der Bevölkerung oder auch nur auf die Elite hat nehmen können, obwohl es der Adel bald zu schätzen wußte, seine Zöglinge den Franckeschen Anstalten zu übergeben. Entscheidender wirkte das osmotische Eindringen entsprechender Vorstellungen, die sich dann in der Ära Friedrichs des Großen mit der nun besonders geförderten Aufklärungsphilosophie verbanden. Während Friedrich Wilhelm I. einen der berühmtesten Vertreter der deutschen Philosophie des 18. Jahrhunderts, Christian Wolff, seines Lehrstuhls verlustig erklärt und aus dem Land gejagt hatte, holte Friedrich den Verfemten sofort nach seinem Regierungsantritt zurück.

Der *roi philosophe* trennte sich in jeder Hinsicht von der Welt-Anschauung seines Vaters. Das war nicht nur eine Frage der ganz verschiedenen Charaktere, sondern auch des intellektuellen Niveaus. Die unzureichende Schulbildung Friedrichs wurde zwar erst in den Rheinsberger Jahren durch unermüdliche Lektüre gebessert, aber der Kronprinz trat jetzt in geistigen Verkehr mit bedeutenden Köpfen seiner Zeit – Voltaire war nur der berühmteste Name –, seine Umgebung unterschied sich völlig von der Roheit des Potsdamer Hofes wie von der barocken Verschwendungs- und Vergnügungssucht etwa in Dresden. Alles schien hier von Geist und Freude am Schönen bestimmt.

Für die dem Vater so wichtige christliche Lehre war aber kein Raum. Schon in seiner Jugend hatte sich Friedrich für die Lehren der Kirche ganz unzugänglich gezeigt, seine philosophischen Vorstellungen – niemals systematisch durchgebildet –, wird man vielleicht als stoisch bezeichnen können. Er glaubte wohl an das Vorhandensein einer kosmischen Ordnung, aber er hielt nichts von deren optimistischer Interpretation. »Murren oder sich beklagen, heißt den Gesetzen des Weltalls widerstreben, ein Unglück mehr oder weniger ändert nichts an der Weltordnung.« Der Mensch hatte sein Schicksal hinzunehmen, das Schicksal des Königs war das »vivre et mourir en roi«:

»Es ist nicht nötig, daß ich lebe, wohl aber, daß ich meine Pflicht tue.«

Nietzsche hat später die Philosophie Kants als »subtilsten Ausdruck fridericianischer Geistigkeit« bezeichnet, aber die Vorbehalte des Königsberger Meisters gegenüber dem real existierenden Preußen dürfen doch nicht übersehen werden: Man mag Kants Sympathie für die Französische Revolution als Irrtum eines weltfremden Akademikers abtun, schwerer wiegt jedoch seine Kritik der von Friedrich aufrechterhaltenen Erbuntertänigkeit und der Mißstände im Söldnerheer. Bei genauerer Betrachtung kam Kants Philosophie, vor allem der ethische Idealismus, erst nach dessen Tod in Preußen wirklich zum Tragen. Das zeigte sich auch und gerade an den Wirkungen der Reformer und der Verschmelzung dieses Idealismus mit dem Neuhumanismus sowie der Romantik, als deren wichtigste preußische Vertreter man Adam Müller, Achim von Arnim, Fouqué und Joseph von Eichendorff zu betrachten hat. Allerdings hat Moeller van den Bruck mit einem gewissen Recht auf das Unpreußische in der Romantik hingewiesen, das dem klassizistischen Geist Preußens widersprochen habe.

Welche Ausprägung das spezifisch preußische Ethos im langwierigen Vorgang seiner Entstehung und Popularisierung schließlich annahm, kann man einem Brief der Königin Luise an ihren Sohn, den Kronprinzen und nachmaligen König Friedrich Wilhelm IV., entnehmen:

»Höre meine mütterliche Stimme, mein lieber Fritz; bedenke das wohl, was ich Dir zärtlich so oft wiederhole; zähme die Laune, in der Du alles, was Du möchtest, haben willst und für alles, was Du Dir denkst, gleich die Mittel zur Verwirklichung verlangst. Wer Dir vorredet, daß dies Charakter, daß dies wahre Freiheit sei, ist ein Narr oder ein falscher Freund. Wirkliche Freiheit besteht nicht darin, daß man alles tun kann, was man kann, sondern daß man das Gute tut und, was man als solches erkennt. Nur durch Überlegung wirst Du zur Erkenntnis kommen, was gut oder böse; nur durch Bändigung Deines Willens wirst Du zur Ausführung des Guten kommen, selbst wenn es mit Deinen Neigungen, Deinem Geschmack, Deiner Bequemlichkeit in Widerspruch steht; und Charakter haben heißt: Nach reiflicher Prüfung des Guten oder Bösen das ins Werk setzen, was man als das Gute erkennt, und alle Willenskraft daran setzen, um sich nicht durch die Leidenschaften abwenden zu lassen, die der höchsten Wahrheit des Guten widerstreben könnte.«

Wenn Luises Gatte, Friedrich Wilhelm III., nach dem Frieden von Tilsit forderte, der preußische Staat müsse »... durch geistige Kräfte ersetzen, was er an materiellen verloren« habe, ging das als Forderung natürlich über die hier skizzierte charakterliche Erziehung hinaus. Angefangen bei der Neuordnung der Schulen und Hochschulen mit Regelung des Prüfungswesens über die Gründung der Berliner Universität bis zur ausdrücklichen Förderung der Wissenschaften durch den Staat, für die es seit der Gründung der Akademie der Wissenschaften durch Friedrich I. bereits eine ruhmreiche Tradition gab, wurden hier die Fundamente für den Aufstieg Preußens nicht nur zur ersten Militär- und Wirtschaftsmacht, sondern auch zum Gemeinwesen von außerordentlichem geistigem Rang gelegt. So verschiedene Männer wie Clausewitz, Gilly, Schinkel, Schadow, Ranke, die Gebrüder Grimm und allen voran der Philosoph Hegel bestimmten die intellektuelle Atmosphäre Deutschlands in den Jahrzehnten nach dem Ende der Napoleonischen Kriege. In dieser Atmosphäre wuchs vor allem eine Generation von Beamten heran, die Fontane mit den Worten »... die Seele griechisch, den Geist altfritzisch, den Charakter märkisch« zu bezeichnen liebte.

Die preußische Dimension: geistig

Wie prägend das seit der Zeit Friedrich Wilhelms I. ausgebildete Ideal des Beamten wirkte, wird deutlich an dem Schreiben, mit dem der 1858 aus dem Amt geschiedene Ministerpräsident Otto von Manteuffel alle ihm zugedachten Belohnungen – Erhebung in den Grafenstand, Berufung in das Herrenhaus auf Lebenszeit, Stiftung eines erblichen Majorats – höflich aber bestimmt zurückwies und lediglich darum bat, seine »... nicht leicht verdiente Pension« zu bewilligen. Man kann mit gutem Grund auch jene Offiziere in diesen Zusammenhang einordnen, die die preußische Armee bis weit in das 19. Jahrhundert hinein hervorbrachte, und von denen der ältere Moltke nur ein hervorragendes Beispiel war, dessen sprichwörtliche Zurückhaltung und Bescheidenheit sein Nachfolger im Amt des Generalstabschefs, Alfred von Schlieffen, auf die Formel brachte: »Viel leisten, wenig hervortreten, mehr sein als scheinen.«

Vielleicht hat sich im preußischen Beamten und Offizier dieser Zeit noch am ehesten herausgebildet, was man einen »deutschen Typus« nennen könnte, eine vorbildliche Gestalt, wie ihn etwa England mit dem »Gentleman«, vorher Frankreich mit dem »Seigneur« konzipiert hatte. In einem Brief an seine Frau, abgefaßt während des Krieges von 1870/71, schrieb der preußische General Franz von Schmidt:

Preußische Tugenden

»Den deutschen Typus der Zukunft, den es heute noch nicht gibt, wie es einen französischen oder englischen gibt, schuf erst Friedrich der Große ... Diese geistige und seelische Haltung sehe ich nicht an eine Landschaft gebunden, wenngleich ihre Heimat die karge und harte Mark Brandenburg ist und wohl auch nur sein konnte ... Ich meine, daß diese Haltung eine fast allgemein menschliche Geltung besitzt gleich wie andere Lebensanschauungen, Philosophien und Religionen. Ich meine, sie ist sublimiert aus dem Besten vieler Religionen und Ideen von Confucius und Christus angefangen bis zu der schöpferischen Auffassung von ›Pflicht‹, wie ich sie aus dem mir sonst zu gelehrten Kant herauslese. Ich glaube und hoffe, daß die preußische Haltung Gemeingut aller Deutschen wird, damit das deutsche Volk sich nicht verläuft und auflöst, wie es einem Volke ohne einheitliche Prägung immer gehen wird.«

Jeder Typus muß eine Neigung zur Vereinseitigung haben, und die Schwächen des Preußischen erscheinen bei genauerer Betrachtung nur als Kehrseiten der Stärken. Pedanterie und übergroße Härte gehören ebenso in diesen Zusammenhang wie jenes Etwas, das allgemein unbeliebt macht, die Fähigkeit, so der hessische Liberale Ludwig Bamberger, »... jede Tugend mit einem Stachel von Unausstehlichkeit zu umgeben ...«.

Das Uncharmante im preußischen Charakter ist auch von vielen Bewunderern Preußens hervorgehoben worden, es muß um der Gerechtigkeit willen jedoch deutlich getrennt gehalten werden von einer sich preußisch drapierenden, im Kern aber wilhelminisch-neudeutschen Schneidigkeit, die mit der altpreußischen Genauigkeit, Nüchternheit und Bescheidenheit wenig zu tun hatte.

Toleranz und Rechtsstaatlichkeit

Es war im Vorstehenden mehrfach auf den engen Zusammenhang zwischen Preußentum und Protestantismus hingewiesen worden. Selbstverständlich gab es auch ein katholisches Preußen, aber prägend wirkte es nicht, weder in dem, was die östlichen Provinzen hervorbrachten, noch in dem, was in Rheinland und Westfalen hervortrat. Görres, Radowitz und Brüning waren bedeutende Männer, aber deutlich Ausnahmeerscheinungen. Zuletzt sollte noch der Kulturkampf Bismarcks die Beziehungen zwischen preußischer Krone und katholischer Kirche nachhaltig stören.

Bereits 1539 hatte der Kurfürst Joachim II. Hector die evangelische Lehre in Brandenburg eingeführt, und ohne größere Widerstände nahm die

Bevölkerung das neue Bekenntnis an. Aber 1613 folgte ein weiterer Konfessionswechsel: Kurfürst Johann Sigismund trat vom Luthertum zum Calvinismus über. Am Weihnachtstag des Jahres nahm er zum ersten Mal das Abendmahl in der reformierten Weise und ließ dann ein ausführliches Glaubensbekenntnis veröffentlichen. Man hat immer wieder politische Motive für diesen Schritt gemutmaßt, insbesondere in Verbindung mit Erbansprüchen, aber in erster Linie spielten für den Fürsten wohl religiöse Überzeugungen eine Rolle.

Am Vorabend des Dreißigjährigen Krieges hatten konfessionelle Fragen noch eine große Bedeutung, um so mehr überraschte es, daß Johann Sigismund auf sein fürstliches Vorrecht, das ius reformandi, verzichtete, und die Bevölkerung nicht zwang, das neue Bekenntnis des Landesherrn zu übernehmen. Das wiegt um so schwerer, als seine Entscheidung sowohl Aufsehen als Unmut erregt hatte, in einigen Straßen kam es sogar zu Aufläufen, die von Bewaffneten zerstreut werden mußten. Nicht einmal der ganze Hof wurde calvinistisch, die Kurfürstin selbst hielt am alten Glauben fest. Allerdings hat sich der Herrscher sein Amt als Oberster Bischof der Lutherischen trotz des Konfessionswechsels behalten.

Johann Sigismund war trotz gewisser Erfolge

kein bedeutender Herrscher, seine Gesundheit schon in jungen Jahren schwach, sein Charakter leicht beeinflußbar. Immerhin, so hat Otto Hintze geurteilt, sei mit der Entscheidung von 1613 »... ein neues Prinzip ... in die deutsche Staatenwelt« eingetreten. Die Forderung nach Einheit der Religion als Voraussetzung für eine gedeihliche politische Ordnung sei so nachhaltig in Frage gestellt worden, daß sie in Brandenburg-Preußen niemals wieder restituiert wurde. Im wesentlichen hatte der Schritt Johann Sigismunds zwei Konsequenzen: zum einen die Bemühungen der Hohenzollern um Beilegung der konfessionellen Streitigkeiten, insbesondere zwischen Lutheranern und Calvinisten, zum anderen die besondere Bedeutung, die die staatliche Toleranzpolitik in Preußen erlangte.

Auf Veranlassung Friedrich Wilhelms III. wurde 1817, im 300. Jahr der Reformation, die »Evangelische Kirche der Union« geschaffen, in der der König Lutheraner und Calvinisten zu einer »Konsensunion« zusammenschloß. Das Ziel einer vollständigen Vereinigung scheiterte aber, obwohl der Nachfolger des Königs, Friedrich Wilhelm IV., bedingt durch seine romantische Neigung zum Mittelalter, diesen Weg weiter verfolgte und im letzten eine deutsche »Nationalkirche« erstrebte. Die Widerstände schon gegen eine Vereinigung der Protestanten blieben aus dogmatischen Gründen so

Toleranz und Rechtsstaatlichkeit

stark, daß sie durch den Staat nicht zu brechen waren.

Erfolgreicher als diese Form der Religionspolitik war jene andere, die es zur üblichen Praxis des brandenburgisch-preußischen Staates werden ließ, Glaubensflüchtlinge zu dulden und sogar zur Ansiedlung aufzufordern unter ausdrücklicher Zubilligung der Religionsfreiheit. Ein vergleichbares Maß an Toleranz hatte es bis dahin nur zögernd in England und den Niederlanden gegeben. Ungewöhnlich war deshalb die Bereitwilligkeit, mit der der Große Kurfürst 1685 nach der Aufhebung des Edikts von Nantes, das den Protestanten bis dahin in Frankreich Schutzrechte gewährt hatte, durch das Edikt von Potsdam in Brandenburg-Preußen Aufnahme anbot. Den etwa 20 000 »réfugiés« waren schon 1671 jüdische Einwanderer vorangegangen. »Menschen halte ich vor den größten Reichtum« hieß es im Testament Friedrich Wilhelms I., und es folgten unter seiner Regierung viertausend Herrnhuter aus Böhmen, glaubensverfolgte Waldenser und Mennoniten, die das durch die Pest entvölkerte Ostpreußen neu besiedelten, wo sich 1731 auch noch achttausend Salzburger niederließen, die von ihrem geistlichen Herrn zur Auswanderung gezwungen worden waren, weil sie vom lutherischen Bekenntnis nicht ablassen wollten.

Untrennbar mit der Idee der Toleranz in Preußen verknüpft erscheint immer der Name Friedrichs des Großen, von dem man weiß – auch wenn man sonst nichts von ihm weiß –, daß in seinem Staat jeder »nach seiner Façon« selig werden durfte. Es wird dabei übersehen, daß schon der »Soldatenkönig« eine sehr eigenwillige persönliche Glaubensauffassung vertrat. »Ich glaube«, sagte er im Gespräch mit einem Dominikanerpater, »nicht alles, was die Reformierten glauben, zum Beispiel von der Prädestination; ich glaube auch vieles, was die Lutheraner, und vieles, was die Katholiken glauben. ... Ich glaube aber, daß alle Christen, welcher Konfession sie auch angehören, selig werden können; denn wenn sie auch in einzelnen Nebendingen verschiedener Ansicht sind, so stimmen sie doch alle in den Hauptsachen überein.« Für seine katholischen Grenadiere ließ er in Potsdam eine eigene Kirche bauen, spendete für sie ein wertvolles Altarbild und verteilte persönlich Rosenkränze an die »söhnen Kerrels«.

Anders als sein Sohn war der Soldatenkönig ein sehr frommer Mann. Die Sentenz Friedrichs von dem Seligwerden nach jedermanns Façon ist deshalb häufig mißdeutet worden. Wohlwollend in dem Sinn, als habe der König aus übergroßer Menschenfreundlichkeit jede religiöse oder philosophische Überzeugung geduldet, übelwollend in dem Sinn, als habe es sich bei ihm nur um ein zynisches Desinteresse an der Wahrheit überhaupt gehandelt, das ihn zu dieser Haltung veranlaßt habe. Folgt man einer neueren Untersuchung von Frank Lothar Kroll, trifft weder das eine noch das andere zu. Wesentlich erscheint vielmehr, daß Friedrich keinen Gewissenszwang ausüben wollte, zwar im Sinn einer aufgeklärten Skepsis den Absolutheitsansprüchen der Religionen mißtraute, ihren entwickelten Formen aber gleichermaßen Erkenntnis eines universalen Sittengesetzes zubilligte:

»Die christlichen Religionen«, schrieb Friedrich 1770 in einem Brief an den französischen Philosophen d'Alembert, »die jüdische, die mohammedanische und die chinesische haben ungefähr dieselbe Moral ... eine Moral wie sie notwendig ist, um die Gesellschaft zu erhalten«.

Allerdings kann nicht übersehen werden, daß Friedrich bei aller Bereitschaft zur Duldsamkeit immer darauf achtete, daß die ins Land kommenden ihrer neuen Heimat nützlich waren; sogar die Angehörigen des päpstlicherseits aufgehobenen Jesuitenordens, die in Preußen unter seiner Regierung Asyl fanden, hatten sich brauchbar für die Entwicklung des Erziehungswesens zu zeigen. Die Gewährung der Gewissensfreiheit erscheint in vieler Hinsicht als »Supplement der materiel-

Die preußische Dimension: geistig

len Wohlfahrtspolitik« (Otto Hintze) des Königs. Er postulierte kein abstraktes Menschenrecht auf Religionsfreiheit, das für alle gleichermaßen galt.

Daher erklärt sich auch die für viele moderne Betrachter irritierende Behandlung der Juden in Preußen während der friderizianischen Ära, in der ein Teil von ihnen ausgesprochen privilegiert, ein anderer zurückgesetzt wurde, je nachdem es dem König im Blick auf das Staatsinteresse nützlich schien. Moses Mendelssohn, der dem König wegen seiner Abweisung als Mitglied der Berliner Akademie der Wissenschaften kaum zu Dank verpflichtet war, schrieb, er sei

»... glücklich in einem Staate zu leben, in welchem einer der weisesten Regenten, die je Menschen beherrscht haben, Künste und Wissenschaften blühend und vernünftige Freiheit zu denken so allgemein gemacht hat, daß sich seine Wirkung bis auf den geringsten Einwohner seiner Staaten erstreckt. Unter seinem glorreichen Szepter habe ich Gelegenheit und Veranlassung gefunden, mich zu bilden über meine und meiner Mitmenschen Bestimmung nachzudenken.«

Im vollständigen Widerspruch zu dieser Einschätzung steht eine Äußerung Lessings gegenüber seinem Freund Friedrich Nicolai:

»Sagen Sie mir von Ihrer berlinischen Freiheit zu

denken und zu schreiben, ja nichts! Sie reduziert sich einzig auf die Freiheit, gegen die Religion so viele Sottisen zu Markte zu tragen, als man will. Lassen Sie einen in Berlin auftreten, der für die Rechte der Untertanen, der gegen Aussaugung und Despotismus seine Stimme erheben wollte, und Sie werden bald die Erfahrung haben, welches Land bis auf den heutigen Tag das sklavischste Land von Europa ist.«

Es spricht daraus viel von der Erbitterung des aufgeklärten Philosophen, die auch persönliche Ursachen hatte, die aber vor allem im Widerspruch zu den anderen Stimmen steht, die schon beim Regierungsantritt Friedrichs die fast vollständige Abschaffung der Folter, die Begrenzung der Todesstrafe und die Gewährung einer gewissen Pressefreiheit begrüßt hatten. Friedrich galt allgemein als Vorbild eines aufgeklärten Herrschers, der im Auftrag des Volkes eben dieses Volk gut zu regieren hatte.

Dabei spielte das in der Ständegesellschaft neu eingeführte Prinzip der Rechtsgleichheit eine wichtige Rolle. Auch wenn die Geschichte vom Müller von Sanssouci nur in den Kreis der fritzschen Legenden gehört und der tatsächliche Eingriff des Königs in den sogenannten Müller-Arnold-Prozeß wenig glücklich war, seit dem 18. Jahrhundert war Preußen mit wesentlichen Attributen eines modernen Rechtsstaats versehen, in dem sogar der Regent vor sein eigenes Gericht gestellt werden konnte. Im erst nach Friedrichs Tod, 1794, veröffentlichten *Allgemeinen Landrecht für die Preußischen Staaten* hieß es:

»Die Gesetze binden alle Mitglieder des Staates, ohne Unterschied des Standes, Ranges oder Geschlechtes. Jeder Einwohner des Staates ist Schutz für seine Person und sein Vermögen zu fordern berechtigt.«

Es kann angesichts der hier skizzierten Entwicklung die Frage gestellt werden, ob die preußische Verfassung am Ende des 18. Jahrhunderts überhaupt noch als absolutistisch angesehen werden darf, ob man nicht vielmehr von einer »Selbstaufhebung« (Hans-Joachim Schoeps) dieser Staatsform sprechen muß, in der nicht nur der König seinen Platz als Souverän von Gottes Gnaden aus eigenem Willen geräumt hatte zu Gunsten der Position des ersten Beamten, sondern noch darüber hinaus die Monarchie als solche beseitigt wurde und Friedrich der Große in mancher Hinsicht der letzte König, Vollender und Überwinder des monarchischen Zeitalters war.

Jedenfalls hat die preußische Konzeption von autoritärer Führung, vorbildlicher Verwaltung und Rechtsstaat im 19. Jahrhundert – trotz oder vielleicht gerade wegen der im Vergleich zu

den westlichen Staaten wie Frankreich und England zurückbleibenden Machtstellung des Parlamentes – ein spezifisch preußisches Verständnis von »Freiheit« begründet, das ohne diese Voraussetzungen ganz unverständlich wäre. Ernst Troeltsch, ein Liberaler (und nachmals Mitbegründer der Deutschen Demokratischen Partei) schrieb während des Ersten Weltkriegs, man verbitte sich die Propaganda der Alliierten, die sich anheischig machten, die Deutschen zu befreien: »Wir fühlen uns jedenfalls in vieler Hinsicht freier und unabhängiger als die Bürger der großen Demokratien.«
Was Troeltsch damit meinte, war, daß sich unter dem preußischen Einfluß in Deutschland eine besondere Vorstellung von Freiheit ausgebildet hatte, die vor allem in administrativer Zuverlässigkeit, Rechtssicherheit und »Staatssozialismus« begründet lag. Das »westliche« Verständnis von Freiheit, das die Möglichkeiten des Individuums stärker betonte, aber auch darauf setzte, daß das Individuum unter allen Umständen in der Lage sein würde, diese Möglichkeiten zu nutzen, erschien keineswegs überlegen.
Man hat in der Vergangenheit das preußische oder preußisch-deutsche Verständnis von Freiheit – »Freiheit wozu« – in Gegensatz gebracht zum englisch-französischen Begriff der Freiheit – »Frei-

heit wovon« –, und damit ohne Zweifel etwas Richtiges getroffen. Allerdings ist die »Freiheit wozu« immer stärker an einen bestimmten Habitus gebunden, sie verweist im preußischen Fall notwendig zurück auf die preußischen Tugenden.

Gehorsam und Ungehorsam

Zu den dunkelsten Schatten, die auf diese Tugenden fallen, gehört sicherlich derjenige, den das Ereignis des 6. Novembers 1730 wirft. An diesem Tag wurde der Leutnant von Katte in Küstrin hingerichtet. Er hatte seinen Freund, den Kronprinzen Friedrich, auf der Flucht nach England begleiten wollen. Zusammen waren sie gefaßt worden. Der König befahl die Aburteilung beider durch ein Militärgericht, aber die Richter erklärten sich im Fall Friedrichs unzuständig, und für Katte mußte Friedrich Wilhelm erst das Urteil erzwingen, das ihm bei Desertion allein angemessen schien. Daß er den Freund nicht retten konnte, obwohl er Kronverzicht und sogar das eigene Leben anbot, hat Friedrich in eine tiefe Krise gestürzt und wahrscheinlich ein für allemal das Vertrauen in die Menschen zerstört.

Gehorsam und Ungehorsam

Die lange Zeit populäre Vorstellung, die Krise habe sich in der folgenden Haftzeit rasch als Katharsis erwiesen und den Thronfolger dazu gebracht, seine Fehler einzusehen und dem Vorbild des Vaters nachzueifern, dürfte ins Reich der Legenden verwiesen werden. Friedrich hat auch weiter unter dem Regiment Friedrich Wilhelms gelitten, allerdings mischte sich je länger je mehr in die vorgetäuschte Pflichterfüllung und Dienstbereitschaft die wachsende Einsicht in die tatsächliche Notwendigkeit.

Der »... ins Furchtbare gesteigerte pietistische Bekehrungsversuch« (Carl Hinrichs), die ganz gewaltsame Brechung der Persönlichkeit, kann allerdings nicht als typisch preußisch betrachtet werden, so wenig wie der »Kadavergehorsam«. Preußische Haltung verkörperte sich eher in dem vom einzelnen verantworteten Entschluß. Was damit gemeint ist, deutete sich an in der Nacht von Kunersdorf, als die preußischen Soldaten an ihrem Platz ausharrten und um ihre Unteroffiziere sammelten, obwohl ihre Führer gefallen waren, und der König überzeugt, die Gepreßten sollten den eigenen Feldwebel mehr als den Feind fürchten. Ein ähnliches Beispiel bot auch die Verteidigung des von den Franzosen nach der Niederlage von Jena und Auerstedt belagerten Kolberg, das sich auf eigene Faust und ohne Entsatz hielt, obwohl es völ-

Die preußische Dimension: geistig

lig isoliert war, nur angetrieben von dem preußischen Patriotismus des »Bürgerrepräsentanten« Nettelbeck, der selbst den Defätismus des Ortskommandanten überwand.

Man kann dem aus dem zivilen Bereich ohne Schwierigkeit andere Fälle an die Seite stellen, etwa den des Oberpräsidenten Theodor Merckel, der vor allem versuchte, die von Stein geschaffene Städteordnung zu verwirklichen, aber 1819 den Dienst verließ, weil ihm neue Bestimmungen vorgelegt worden waren, »... deren Durchführung unvereinbar war mit dem Frieden meines Gewissens«. Einige Jahre später kehrte er unter veränderten Umständen in sein Amt zurück. Berühmter als Merckel war noch Theodor von Schön, zuerst Oberpräsident Westpreußens, dann der ganzen preußischen Provinz, der sich mit einer ungeheuren Freiheit gegenüber allen vorgesetzten Stellen äußerte, hartnäckig eigene Vorstellungen durchsetzte und gleichzeitig versuchte, den Bürgersinn zu verbreiten. Selbst Bismarck läßt sich in diesen Zusammenhang einordnen, nicht wegen der Ungezogenheiten des jungen Assessors, nicht einmal wegen der Respektlosigkeit, mit der er sich in seiner Zeit als preußischer Gesandter am Bundestag in Frankfurt gab, aber wegen des Widerstandswillens, den er auch und gerade gegen die schlechteren Einsichten seines Souveräns entwickelte. Zum

Gehorsam und Ungehorsam

offenen Bruch kam es allerdings nicht, da Bismarck sich für gewöhnlich durchsetzte.

Am deutlichsten wird das mit der Eigenverantwortlichkeit Gemeinte aber an der besonderen Tradition des preußischen Ungehorsams. Eine gewisse Berühmtheit erlangte der Fall des Johann Friedrich Adolf von der Marwitz, der während des Siebenjährigen Krieges seinem König den Befehl verweigerte, das Schloß Hubertusburg zu plündern und seinen Abschied mit der Begründung verlangte, daß sich eine derartige Handlung »... allenfalls für Offiziere eines Freibataillons schicken würde, nicht aber für den Kommandeur von Seiner Majestät Gendarmes«. Auf seinen Grabstein ließ er das stolze Wort setzen: »Sah Friedrichs Heldenzeit und kämpfte mit ihm in allen seinen Kriegen. Wählte Ungnade, wo Gehorsam nicht Ehre brachte.«

Es schwang darin selbstverständlich noch viel von dem alten, zum Frondieren geneigten Junkergeist mit, aber der verschmolz im Offizierskorps zusehends mit einer neuen Vorstellung von dem ganzen Umfang der Pflichterfüllung. Die macht neben der nationalen Begeisterung Handlungsweisen wie die Bildung eines Freikorps ohne Genehmigung des Königs durch den Husarenmajor Ferdinand von Schill im Jahr 1809 verständlicher, und erklärt auch die Handlungsweise des Generals

Yorck von Wartenburg, der als Kommandeur des preußischen Korps, das Napoleon für seinen Rußlandfeldzug zur Verfügung gestellt werden mußte, nach dem Rückzug auf eigene Faust eine Konvention mit dem Gegner schloß. Im Brief an seinen König erklärte er ausdrücklich, dies auf seine Verantwortung getan zu haben und bereit zu sein, dem König, seinen »Kopf zu Füßen« zu legen, weil er ohne beziehungsweise gegen einen Befehl gehandelt habe; er würde aber immerhin »... mit der freudigen Beruhigung sterben, wenigstens nicht als treuer Untertan und wahrer Preuße gefehlt zu haben«.

Sein eigentliches Fanal erlebte die Tradition des preußischen Ungehorsams in der Tat des 20. Juli. Es ist bekannt, daß Stauffenberg sich lange und intensiv mit der Gestalt Gneisenaus beschäftigt hatte und in diesem das Vorbild des »politischen Offiziers« sah. Sein Freund Rudolf Fahrner hat in einem 1942 erschienenen Buch, das weniger Biographie als geistiges Porträt in der Art der Geschichtsschreibung des George-Kreises war, das niedergelegt, was Stauffenberg an Gneisenau wichtig gewesen sein dürfte: Die Vorstellung von der Notwendigkeit eines »... ebenso umstürzenden wie zeitlosen Staatsplanes«, der einen neuen »staatstragenden Stand« begründen sollte.

Während Stauffenberg aufgrund seiner Her-

Gehorsam und Ungehorsam

kunft aus dem schwäbischen und katholischen Adel nur mittelbar an der preußischen Tradition teilhatte, gab es sehr viele andere Verschwörer, die direkt in dieser Überlieferung standen. Selbstverständlich Goerdeler und der ehemalige preußische Finanzminister Popitz, Ludwig Beck, Ewald von Kleist-Schmenzin und viele andere, allen voran Henning von Tresckow, der aus einer alten preußischen Offiziersfamilie stammte. Einer seiner Vorfahren hatte sich unter Friedrich dem Großen einen Namen als Verteidiger von Neiße gemacht, und der König äußerte, er zähle zu den guten Generälen, an denen er keinen Überfluß habe. Tresckow, der zum engsten Kreis der Verschwörer gehörte, hielt anläßlich der Konfirmation seiner beiden Söhne, die am 11. April 1943 in der Potsdamer Garnisonkirche eingesegnet wurden, eine Ansprache, die auch als sein Vermächtnis verstanden werden konnte:

»Vergeßt ... niemals«, bat er die Jungen, »daß Ihr auf preußischem Boden und in preußisch-deutschen Gedanken aufgewachsen und heute an der heiligsten Stätte des alten Preußentums eingesegnet seid. Es birgt eine große Verpflichtung in sich, die Verpflichtung zu Wahrheit, zur innerlichen und äußerlichen Disziplin, zur Pflichterfüllung bis zum Letzten. Aber man soll niemals vom Preußentum sprechen, ohne darauf hinzuweisen, daß es sich damit *nicht* erschöpft. Es wird so oft mißverstanden. Vom wahren Preußentum ist der Begriff der Freiheit niemals zu trennen. Wahres Preußentum heißt Synthese zwischen Bindung und Freiheit, zwischen selbstverständlicher Unterordnung und richtig verstandenem Herrentum, zwischen Stolz auf das Eigene und Verständnis für Anderes, zwischen Härte und Mitleid. Ohne diese Verbindung läuft es Gefahr, zu seelenlosem Kommiß und engherziger Rechthaberei herabzusinken. Nur in der Synthese liegt die deutsche und europäische Aufgabe des Preußentums, liegt der ›preußische Traum‹!«

Wenn Tresckow von der Gefahr des Mißverstehens sprach, dann war selbstverständlich die nationalsozialistische Inanspruchnahme des preußischen Erbes gemeint. Hitler hatte schon früh versucht, dessen werbende Kraft zu reklamieren. Er, der Katholik und Österreicher, dessen Bewegung in München entstanden war und sich zuerst in Bayern etablierte, zögerte keinen Augenblick, seine eigene Politik in die Tradition Friedrichs des Großen und Bismarcks zu stellen. Es gab zwar früh Kritiker der NSDAP, die gerade das Unpreußische an ihr – vor allem das Pseudosakrale, die braune Farbe, den »römischen« Gruß – hervorhoben, aber deren Einwände fanden kaum Gehör.

Gehorsam und Ungehorsam

Nach 1933 hat das Regime mit großem Erfolg preußische Elemente in das offizielle Geschichtsbild eingeschmolzen: den Deutschen Orden ohne Mission, den Großen Kurfürst ohne »Verrat« an Kaiser und Reich, Friedrich Wilhelm I. ohne Pietismus, Friedrich den Großen ohne Widerwillen gegen die deutsche Sprache, ohne Toleranzgebot, die Reformer ohne Liberalität, Bismarck ohne Maß. Es war ein zurechtgemachtes Preußen, aber nicht ohne Wirkung zurechtgemacht. Angefangen beim »Tag von Potsdam«, endend mit dem Führer, der sich von Goebbels im Bunker unter der Reichskanzlei aus Carlyles Biographie Friedrichs des Großen vorlesen ließ und ein weiteres »Mirakel« erhoffte.

Es gab immer wieder Reminiszenzen, Zitate, Bezugnahmen, aber bei genauerer Betrachtung war das alles Staffage. Oswald Spengler hatte schon 1933 mit deutlicher Spitze gegen die neuen Machthaber geschrieben:

»Preußentum ist etwas sehr Vornehmes und gegen jede Art von Mehrheit und Pöbelherrschaft gerichtet, vor allem auch gegen die der Masseeigenschaften.«

Preußen und Deutschland

Im 18. Jahrhundert war der Name »Brandenburg« aus der Liste der europäischen Staaten verschwunden und an seine Stelle derjenige Preußens getreten, wie wohl die Umbenennung in die Irre führte, denn faktisch hatte sich ja Brandenburg Preußen einverleibt und nicht umgekehrt. Die Hauptstadt des Staates wurde Berlin und nicht Königsberg. Berlins ursprünglich exzentrische Lage verschob sich im günstigen Sinn durch die Erweiterung des Staatsgebietes, als deren Endpunkt man die Reichseinigung betrachten kann. Nicht wenige skeptische Zeitgenossen vermuteten darin von Anfang an die Gründung eines »Groß-Preußen«, das nur dem Namen nach »deutsch« sein wollte.

Die Fläche des preußischen Staates nahm gut die Hälfte den neuen Staatsgebietes ein, die preußische Bevölkerung machte sechzig Prozent der Reichsbevölkerung aus. In Preußen lagen die meisten bedeutenden Rohstoffvorkommen, auf seinem Gebiet befanden sich die wichtigsten Indu-

Preußen und Deutschland

strieanlagen, der wichtigste Teil der landwirtschaftlich nutzbaren Fläche. Im Bundesrat, der Vertretung der einzelnen Länder, hatte Preußen zwar keine Stimmenmehrheit, aber eine Sperrminorität, die jede Änderung der Verfassung von seinem Votum abhängig machte. Der preußische Ministerpräsident war gleichzeitig Reichskanzler, es existierten keine Reichsministerien, sondern nur Staatssekretariate, und die praktische Arbeit wurde zum größten Teil von den preußischen Ministerien erledigt. Vor allem aber war der preußische König Deutscher Kaiser und als solcher »Oberster Kriegsherr« für alle Bundestruppen im Konfliktfall. Bismarck zitierte gelegentlich wohlwollend das von Friedrich Wilhelm IV. geprägte Wort, »Preußen muß in Deutschland aufgehen«, und fügte hinzu, Preußen bedürfe mehr der Germanisierung als Deutschland der Prussifizierung, aber im letzten hat er erkannt, daß er politischen Rückhalt »... nicht in der Kaiserlichen Macht, sondern in der Königlich preußischen Macht« suchen mußte.

Heinrich von Treitschke, einer der bedeutendsten Verfechter der »Borussifizierung« Deutschlands äußerte in seinen Vorlesungen zur *Politik* über den gegebenen Zustand:

»Darauf, daß es ›das verlängerte Preußen‹ ist, wie Kaiser Wilhelm einmal zu Bismarck gesagt hat, daß Preußen materiell wie formell in ihm überwiegt, darauf beruht historisch und politisch das ganze Reich. Was ist unser deutsches Reichsheer? Unzweifelhaft das preußische Heer, das durch das Wehrgesetz von 1814 als Volk in Waffen gebildet wurde, ausgedehnt auf das gesamte Reich. Die deutsche Reichspost, das Telegrafenwesen, die Reichsbank sind die alten preußischen Institutionen, erweitert auf das Reich. An alledem ist gar nichts zu beklagen. Jeder Preuße wird es vollkommen in der Ordnung finden, daß die besten politischen Institutionen übertragen wurden auf das übrige Deutschland; und jeder verständige Nichtpreuße muß sich freuen, daß Preußen den deutschen Namen wieder zu Ehren gebracht hat. Es steht so, daß der Wille des Reiches in letzter Instanz gar kein anderer sein kann als der des preußischen Staates.«

Treitschke hielt das Verhältnis von Preußen und Deutschland deshalb für unproblematisch, weil er mit seiner natürlichen Harmonie rechnete. Bei einer solchen Sicht wird allerdings leicht vergessen, wie spannungsreich das Verhältnis zwischen Preußen und Deutschland von Anfang an gewesen ist. Einer der Hauptakteure bei der Schaffung des preußisch-deutschen Staates, Wilhelm I., meinte 1871 bedenklich, Preußen werde verschwinden und etwas ganz Neues an seine Stelle treten:

»Die Dinge sind einmal so geworden. Meine Vorfahren haben erst eine Nation machen müssen, denn wir Preußen sind keine geborene, sondern eine gemachte Nation. Nun aber macht eine Nation mich.«

Die »preußische Nation« als eine »gemachte«, als eine »Staatsnation« in der exakten Bedeutung, war mehr, aber auch weniger als die deutsche Nation. Mehr insofern, als sie Nationalitäten wie etwa die polnische umfaßte, die der preußischen Krone durchaus loyal gegenüberstanden, aber nach der Reichsgründung keine Germanisierung akzeptierten. Weniger als die deutsche Nation insofern, als das eigentliche preußische Gebiet niemals Teil des alten Heiligen Römischen Reiches war, man könnte es mit Norddeutschland überhaupt einem Raum zuordnen, der – angefangen beim Kampf zwischen Welfen und Staufern – immer wieder der zusammenfassenden Politik opponiert hatte. Noch im Kaiserreich von 1871 empfanden Bayern, Badener oder Württemberger eine gewisse Fremdartigkeit jenes Tieflandes, das jenseits des Limes gelegen hatte, weder die Vielgestaltigkeit noch die ältere Kulturtradition und jenes gewisse Maß an Latinität kannte, das dem Süden oder Westen Deutschlands eigen war. Hitler hat seinen Widerwillen gegen die norddeutsche Landschaft noch während des

Zweiten Weltkrieges in seinen »Tischgesprächen« bekundet.

Abgesehen davon haben rein faktisch gerade die bedeutendsten Hohenzollern ihrem »Haus-Interesse« einen höheren Stellenwert eingeräumt, als dem deutschen. Der Große Kurfürst wechselte die Bündnisse, ohne danach zu fragen, welche Folgen das für das Reich haben mußte. In dem übel beleumdeten »Soldatenkönig«, Friedrich Wilhelm I., steckte immerhin ein Rest des älteren Reichspatriotismus. »Ich bin Deutscher«, schrieb er in einem Erlaß für die preußischen Diplomaten, »ergo will ich meine Sprache sprechen wie der Zar.« Allerdings fühlte er sich von den Habsburgern nicht so respektiert, wie er es für angemessen hielt. Sein Sohn Friedrich der Große scheute dann keine Gelegenheit, deren Stellung zu schwächen und ließ in einem aussagekräftigen symbolischen Akt 1750 das Gebet für den Kaiser aus der Liturgie des Gottesdienstes streichen. Als er 1756 mit seinen Truppen in Sachsen einrückte, wurde gegen den Friedensbrecher die »Reichs-Execution« beschlossen.

Allerdings zeigte sich hier auch zum ersten Mal eine eigentümliche Verknüpfung der preußischen und der deutschen Sache. In der Reichsarmee, die gegen Preußen aufgeboten wurde, sympathisierten viele, vor allem viele Protestanten, mit dem Feind.

Von den 3200 württembergischen Soldaten blieben ganze 400 bei ihren Fahnen, teilweise gingen die Kompanien unter Führung der Hauptleute geschlossen auf die preußische Seite über. Der Sieg Friedrichs bei Roßbach wurde in weiten Teilen Deutschlands vor allem als Sieg über das mit Habsburg verbündete Frankreich und durchaus als ein nationaler Sieg verstanden, Friedrich als liberator Germaniae auf Flugblättern gefeiert.

Goethe hat in seinen Lebenserinnerungen geschrieben, daß die Frankfurter Jugend damals »fritzisch gesinnt« gewesen sei. Das ist ein oft zitierter Satz, seltener findet sich der Hinweis, daß Goethe in Friedrich auch jenen Heros sah, der durch seine Taten die erst entstehende deutsche »Nationaldichtung« in der notwendigen Weise inspirierte. Von Gleims *Kriegsliedern* bis zu Lessings *Minna von Barnhelm* reichte diese Wirkung und schuf dem nördlichen Deutschland einen kulturellen Vorsprung, den das südliche und katholische schwer aufzuholen in der Lage gewesen sei. Es ist dieser Rekurs auf »Friedrich, den Polarstern« auch deshalb wichtig, weil Friedrich die deutsche Nation eben nicht als Zielpunkt seines politischen Handelns betrachtete, und der große König jedenfalls skeptisch (für seine Gegenwart) gewesen ist, was die deutsche Kultur anbetraf. In den *Maximen und Reflexionen* meinte Goethe:

»Daß Friedrich der Große aber gar nichts von ihnen wissen wollte, das verdroß die Deutschen doch, und sie taten das Möglichste, als Etwas vor ihm zu erscheinen.«

Wie weit dieses Bedürfnis ging, zeigt sich noch daran, daß 1782 Christoph Heinrich Myller, Lehrer am Joachimstahlschen Gymnasium in Berlin, eine vollständige Ausgabe des wenige Jahrzehnte zuvor wiederentdeckten Nibelungen-Liedes mit einer Widmung an Friedrich den Großen versehen herausgab: *Der Nibelungen-Liet ein Rittergedicht ... zum erstenmal aus der Handschrift ganz abgedruckt*. Der König nahm die Dedikation huldvoll, aber nur nichtssagend kommentiert entgegen. Als dem ersten Band zwei Jahre später ein weiterer folgte, reagierte er wütend und erklärte, er halte diese Dichtungen keinen Schuß Pulver wert und werde sie zum Fenster hinausschmeißen.

Zwar wollte Friedrich eine große Zukunft der deutschen Literatur nicht ausschließen, aber doch nur, wenn sie sich ganz dem lateinischen Westen und seiner klassischen Form unterwerfe. Den Rückgriff auf das Mittelalter hielt er für ebenso fatal wie die Begeisterung für Shakespeares Dramen. Umgekehrt haben die Romantiker, die eigentlichen Wiederentdecker der deutschen Nation, mit Kritik an Friedrich nicht gespart. Bei Novalis hieß es etwa:

»Kein Staat ist mehr als Fabrik verwaltet worden als Preußen seit Friedrich Wilhelm des Ersten Tode. So nötig vielleicht eine solche maschinelle Administration zur physischen Gesundheit, Stärkung und Gewandtheit des Staats sein mag, so geht doch der Staat, wenn er bloß auf diese Art behandelt wird, im wesentlichen darüber zugrunde.«
Das Preußen Friedrichs erschien den Romantiker unorganisch und insofern auch undeutsch, nicht gewachsen und natürlich, sondern organisiert und künstlich wie der staatliche Apparat Frankreichs. Es war unübersehbar, daß es sich bei Preußen um kein »Stammesgebiet« handelte, daß ihm als Ganzes – natürlich nicht den einzelnen Provinzen – spezifische Sitten und Bräuche fehlten, daß das territoriale Fundament des Gebietes Kolonialland war, dessen ursprüngliche Bevölkerung nur in einem allmählichen Prozeß mit den Neusiedlern verschmolz. Der romantischen Erwartung, daß sich die Nation von unten her, aus dem »Volk«, regenerieren werde, stand man in Preußen mit Skepsis oder Ablehnung gegenüber. Noch weniger ließ sich irgendeine politische Bereitschaft erkennen, für die Gründung eines deutschen National-Staates einzutreten, von dessen konkreter Gestalt die Romantiker ihrerseits keine präzise Vorstellung hatten. Deshalb fehlte auch dem »Fürstenbund« des Jahres 1785, eines immerhin über-

konfessionellen Zusammenschlusses zuerst der nord- und mitteldeutschen Kurfürsten, zum Zweck der Verteidigung der deutschen »Libertät« gegen alle Versuche Österreichs, seine Macht im Reich zu vergrößern, jede nationale Zwecksetzung.

Friedrichs Politik war und blieb ganz auf die »preußische Nation« ausgerichtet. Der preußische Staat bildete zwar ursprünglich nur eine durch Zwang und Dynastie zusammengehaltene Einheit, aber allmählich war die Verbundenheit zwischen Herrscherhaus, Untertanen und »Vaterland« gewachsen. In der Regierungszeit Friedrichs bildete sich das spezifisch Preußische vollständig aus: sinnfällig in der Erweiterung des Beamtenbegriffs bis auf den König selbst, den »ersten Domestiken des Staates«, in der Entfaltung des Korpsgeists der Armee, in den Anfängen des Rechts- und Sozialstaates. Noch das unter Friedrichs Ägide geschaffene *Allgemeine Landrecht* galt für die »preußischen Staaten«, aber Preußen wurde doch schon als Einheit betrachtet. Nach dem Tod des Monarchen sagte der Minister Hertzberg in einer Rede auf den Verstorbenen:

»Der Preuße wird fortan seinen eigenen Namen führen und bei dem Klange dieses Namens aufflammen wie einst der Mazedonier oder Römer.«

Preußen und Deutschland

Das Pathos des Preußischen hatte tatsächlich antike Züge. Die weitgehende Verschmelzung von Staat und Heer erinnerte vor allem an Sparta. Aber in einem unterschied sich die neue Polis von den alten Vorbildern: Sie besaß keine abgeschlossene Bürgerschaft. Es soll hier nicht noch einmal Bezug genommen werden auf die Immigranten, die aus Not oder auf der Flucht vor religiöser Verfolgung nach Preußen kamen, sondern auf jene große Zahl außergewöhnlicher Männer, die nicht durch Geburt, sondern durch Wahl Preußen wurden, angefangen bei Derfflinger über Danckelmann, Stein, Gneisenau, Scharnhorst, Hegel und Moltke. Sie alle wurden angezogen vom »Klange dieses Namens«.

Der mochte für den einen oder anderen, ganz sicher für die Reformer, einen deutschen Beiklang haben, aber es war ein Unterton. Die Bedeutung Preußens für die Gesamtnation ist letztlich nur über die Annahme einer List der Geschichte zu erklären, insofern kam Heinrich von Sybel der Wahrheit recht nahe, der in seinem mehrbändigen Werk *Die Begründung des Deutschen Reiches durch Wilhelm I.* schrieb:

»Wenn ein Partikularstaat nach hergebrachter eigennütziger Politik seine Besitzungen so weit zu vermehren, seine Macht so weit auszudehnen vermöchte, daß sie die aller übrigen überschattete und zur Anerkennung seiner Obergewalt nötigte, dann fiele für ihn partikulare Selbstsucht und nationaler Gemeinsinn wieder zusammen, dann würde er von selbst der Vertreter der nationalen Gesamtinteressen werden.«

Es wurde diese relativ nüchterne Auffassung nach 1871 immer wieder verdunkelt durch Vorstellungen wie die, es habe eine »Wiedererstehung des Deutschen Reiches« stattgefunden, oder als Gipfelpunkt der Nationalgeschichte sei ein »Heiliges evangelisches Reich deutscher Nation« geschaffen worden. Die Verknüpfung Wilhelms I. mit der Kyffhäusersage vom wiederkommenden Barbarossa, die kitschige Parallelisierung des Stauferkaisers mit dem »Barbablanca« im Bildprogramm der restaurierten Goslarer Kaiserpfalz, das alles hat eher dazu geführt, den entscheidenden Beitrag Preußens zur deutschen Geschichte unkenntlich zu machen, indem man es allzu stark einpassen, das Widerständige beseitigen wollte.

Dem Preußischen haftete aber vieles an, was eigentlich als »undeutsch« gelten muß. Nur am Rande sei hier auf den Anthropologen Friedrich Merkenschlager hingewiesen, der die in den dreißiger Jahren skandalöse These aufstellte, der Erfolg Preußens erkläre sich aus der größeren Formbarkeit des slawisch-baltischen Bevölkerungsanteils, der mit dem spröden und störrischen deutschen erst eine spezifisch preußische Mischung ausgemacht habe. Man kann geteilter Meinung darüber sein, welche Bedeutung diesem ethnischen Faktor zuzugestehen ist. In einem wesentlich präziseren Sinne »undeutsch« war die preußische Sicherheit in der Formgebung. Preußen kann als eines der wenigen Beispiele für eine »organische Konstruktion« (Ernst Jünger) im Bereich des Politischen gelten: die Schöpfung eines Gemeinwesens, das – obwohl nach den Prinzipien der Rationalität entworfen, eigentlich ausgedacht – außerordentliche Vitalität und emotionale Bindungskraft entfaltete, vor allem aber prägend wirkte.

Was es für Deutschland bedeuten mußte, wenn diese Prägung verlorenging, faßte Walther Rathenau 1919 angesichts des Untergangs der Militärmonarchie zusammen:

»Preußen, das gehaßte, einst vergötterte, wird zerschlagen nach dem Satz: Quidquid delirant reges, plectuntur Achivi [etwa: Das wahnwitzige Beginnen der Könige büßen die Völker]. Vergessen ist das Maß organisatorischer Kraft, das Preußen dem Reich zugeführt hat, vergessen die außerdeutsche Willensstärke und Willensklarheit, die Fähigkeit des Erledigens und Fertigmachens, die unerhörte Wirtschaftskraft und selbstverzehrende Sachlichkeit. Vergleicht das Heilige Römische

Reich und das Deutsche Reich: Was bleibt? Preußen. Vergleicht Österreich und Deutschland: Was bleibt? Preußen. Zieht Preußen von Deutschland ab: Was bleibt? Der Rheinbund. Ein verlängertes Österreich. Eine klerikale Republik. Es ist wahr: Durch die Deklamation des bösen Gewissens, des feudal-militaristischen Gewissens sind Preußens Tugenden abgenutzt und entwertet worden. Es graut uns, immer wieder vom kategorischen Imperativ zu hören, wenn die Bürokratie gemeint ist, von der altpreußischen Einfachheit, wenn Junkerrechte verteidigt werden, von der sachlichen Monarchie, wenn die Freiheit erstickt und der Pöbel abgesperrt werden soll. Und doch ist es wahr und bleibt es wahr: Ein politischer Kollektivismus, eine nationale Gemeinschaft – die mit bloßer Heimatliebe, Stammesgemeinschaft und örtlicher Interessiertheit nicht verwechselt werden darf – ist in Deutschland nirgends und niemals erwachsen als in Preußen und durch Preußen.«

Zeittafel zur preußischen Geschichte

1134	Beginn der askanischen Herrschaft in Brandenburg.
1157	Eroberung Brandenburgs. Albrecht der Bär nennt sich Markgraf von Brandenburg.
1226	Gründung des Ordensstaates in Preußen.
1323	Brandenburg fällt als erledigtes Reichslehen an das Reich und geht bis 1373 an das Haus Wittelsbach.
1356	Goldene Bulle, Bestätigung der brandenburgischen Kurwürde.
1373	Otto VI. (der Faule) tritt im Vertrag von Fürstenwalde die Mark an das Luxemburger Kaiserhaus ab.
1410	Entscheidende Niederlage des Ordensheeres gegen Polen bei Tannenberg.
1412	Einsetzung Friedrichs VI., Burggraf von Nürnberg, aus dem Geschlechte Hohenzollern als Verweser der Mark Brandenburg.
1415	Übertragung der Kurfürstenwürde.
1466	Zweiter Thorner Frieden, Preußen links der Weichsel mit Danzig, Elbing und Ermland fällt an Polen.

Zeittafel zur preußischen Geschichte

1525	führt Hochmeister Albrecht von Brandenburg die Reformation ein: Preußen rechts der Weichsel wird weltliches Herzogtum.
1539	Übertritt Brandenburgs zur Reformation unter der Herrschaft Joachims II. Hector.
1609	Tod des letzten Herzogs von Jülich; Beginn des Erbfolgestreits um Jülich, Kleve und Berg, Mark und Ravensberg.
1613	Übertritt der Kurfürsten Johann Sigismund zum Calvinismus.
1618	Tod des letzten Herzogs von Preußen; Huldigung der ostpreußischen Stände. Preußen fällt durch Erbgang an Brandenburg, bleibt aber Lehen der polnischen Krone.
1640–1688	Friedrich Wilhelm, der Große Kurfürst.
1648	Hinterpommern kommt im Westfälischen Frieden an Brandenburg, Anspruch auf ganz Pommern anerkannt.
1660	Im Frieden zu Oliva fällt die polnische Lehenshoheit über Preußen.
1675	Sieg bei Fehrbellin über die Schweden.
1685	Edikt von Potsdam: Aufnahme der aus Frankreich vertriebenen Hugenotten in Brandenburg.
1688–1713	Friedrich III., als König Friedrich I.
1700	Errichtung der Akademie der Wissenschaften.
1701	Krönung Friedrichs III. zum König in Preußen. Stiftung des Schwarzen Adlerordens.
1713–1740	Friedrich Wilhelm I.
1720	Preußen erhält im Frieden von Stockholm, der den Zweiten Nordischen Krieg beendet,

Zeittafel zur preußischen Geschichte

	Vorpommern mit Stettin sowie Usedom und Wollin.
1723	Gründung des Generaldirektoriums und Neuordnung der Verwaltung.
1740–1786	Friedrich II., der Große.
1740–1742	Erster Schlesischer Krieg.
1744–1745	Zweiter Schlesischer Krieg.
1756–1763	Siebenjähriger Krieg.
1772	Erste Teilung Polens. Preußen erhält Westpreußen sowie den Netzedistrikt.
1785	Friedrich der Große gründet den Deutschen Fürstenbund.
1786–1797	Friedrich Wilhelm II.
1793	Teilnahme am Ersten Koalitionskrieg gegen Frankreich. Zweite Teilung Polens (Danzig, Thorn nebst »Südpreußen« mit Posen, Gnesen und Kalisch kommen an Preußen).
1794	Erlaß des *Allgemeinen Landrechts für die preußischen Staaten*.
1795	Preußen schließt den Sonderfrieden von Basel. Dritte Teilung Polens; auch Warschau und Umgebung fallen an Preußen.
1797–1840	Friedrich Wilhelm III.
1806	Auflösung des Heiligen Römischen Reiches Deutscher Nation; Errichtung des Rheinbundes. Preußische Niederlage bei Jena und Auerstedt.
1807	Friede zu Tilsit. Beginn der preußischen Reformen: Aufhebung der Erbuntertänigkeit der Bauern, Reorganisation der Staatsbehörden.
1809	Entlassung Steins.

Zeittafel zur preußischen Geschichte

1810	Hardenberg Staatskanzler; Gewerbefreiheit; Universitäten in Berlin und Breslau gegründet.
1812	Konvention Yorcks zu Tauroggen nach Zusammenbruch des napoleonischen Rußlandfeldzugs.
1813–1815	Befreiungskriege gegen die napoleonische Herrschaft.
1815	Gründung des Deutschen Bundes. Preußen nimmt Teil an der »Heiligen Allianz«.
1817	Union der lutherischen und reformierten Kirchen.
1832	Anfänge des Deutschen Zollvereins.
1840–1861	Friedrich Wilhelm IV.
1848	Märzrevolution in Berlin.
1849	Die Nationalversammlung in Frankfurt a. M. wählt den preußischen König zum Kaiser. Friedrich Wilhelm IV. lehnt die Kaiserkrone ab.
1854–1855	Neutralität Preußens im Krimkrieg.
1861–1888	Wilhelm I.
1862	Berufung Bismarcks zum Ministerpräsidenten.
1864	Deutsch-Dänischer Krieg
1866	Deutscher Krieg zwischen Preußen und Österreich. Auflösung des Deutschen Bundes.
1870–1871	Deutsch-Französischer Krieg.
1871	Wilhelm I. zum deutschen Kaiser im Spiegelsaal von Versailles ausgerufen.
1888	Friedrich III.
1888–1918	Wilhelm II.
1918	Wilhelm II. verzichtet nach der Niederlage

Zeittafel zur preußischen Geschichte

	im Ersten Weltkrieg auf den deutschen und den preußischen Thron.
1919	Preußen wird entgegen ursprünglichen Plänen der Republik nicht aufgelöst, sondern eigenständiger Bundesstaat.
1932	Sogenannter »Preußenschlag«: Reichsexekution gegen Preußen, Absetzung der letzten verfassungsmäßigen preußischen Regierung.
1935	Preußen wird durch das Reichsstatthaltergesetz gleichgeschaltet.
1947	Alliierter Kontrollratsbeschluß über die Auflösung Preußens.

Kleine kommentierte Bibliographie

Es gibt, nicht zuletzt bedingt durch das »Preußenjahr«, eine Flut von Neuerscheinungen zum Thema. Dabei überwiegt die Konjunkturliteratur. Als Ausnahme kann gelten:
> *Eberhard Straub*: Eine kleine Geschichte Preussens, Berlin 2001.

Dasselbe Urteil gilt auch für zwei Bücher, die von einem der begabtesten jüngeren Historiker herausgegeben wurden:
> *Frank-Lothar Kroll* (Hrsg.): Das geistige Preußen. Zur Ideengeschichte eines Staates, Paderborn 2001.
> *Ders.* (Hrsg.): Preußens Herrscher. Von den ersten Hohenzollern bis zu Wilhelm II., München 2001.

Als erster Zugang zur preußischen Geschichte nach wie vor unverzichtbar bleibt
> *Hans-Joachim Schoeps*: Preußen. Geschichte eines Staates, Neuauflage, Berlin 1997.

Unter den Gesamtdarstellungen älteren Datums ist nach wie vor sehr gut zu gebrauchen
> *Otto Hintze*: Die Hohenzollern und ihr Werk, Berlin 1915.

Kleine kommentierte Bibliographie

Die berühmte Arbeit von
Leopold von Ranke: Zwölf Bücher preußischer Geschichte, kritische Ausgabe, München 1930,
reicht nur bis zum Jahr 1745; sie ist sehr häufig nachgedruckt worden.

Eine gute Einführung in die preußische und preußisch-deutsche Militärgeschichte bietet
Franz Uhle-Wettler: Höhe- und Wendepunkte deutscher Militärgeschichte, Neuauflage, Berlin 2000.

Zur Geschichte des Deutschen Ordens und seines Staates sollte man vor allem heranziehen
Hartmut Boockmann: Der Deutsche Orden. Zwölf Kapitel aus seiner Geschichte, Neuauflage, München 1999.

Für die eher biographischen Aspekte der preußischen Geschichte (weit über deren engeren historischen Rahmen hinaus) ist hinzuweisen auf den wenngleich sehr essayistischen Band von
Sebastian Haffner / Wolfgang Venohr: Preußische Profile, Neuauflage, Berlin 1998.

Die großen preußischen Herrscher des 18. Jahrhunderts haben selbstverständlich viele umfangreiche Darstellungen gefunden. Vermerkt sei hier die klassische Arbeit über den »Soldatenkönig«, die allerdings nur dessen ersten Lebensabschnitt umfaßt von
Carl Hinrichs: Friedrich Wilhelm I. König in Preußen, Jugend und Aufstieg, Bd. 1, Hamburg 1941.

Eine wenn auch romanhafte Gestaltung hat dieses Leben gefunden in dem zuerst 1936 erschienenen, und wegen des

Schicksals des Verfasser besonders hervorzuhebenden, Buch von
Jochen Klepper: Der Vater. Roman des Soldatenkönigs, Neuauflage, Stuttgart 1995.

Zum Verständnis von Person und Politik Friedrichs des Großen besonders wichtig:
Theodor Schieder: Friedrich der Große. Ein Königtum der Widersprüche, Neuauflage, Berlin 1996.

Das komplizierte Ineinander von preußischer und deutscher Geschichte wird sehr gut beleuchtet in den einzelnen Beiträgen des Sammelbandes von
Hans Rothfels: Bismarck, der Osten und das Reich, Darmstadt 1960.

Für die preußische »Nachgeschichte«, soweit sie im Zusammenhang mit den Geschehnissen vom 20. Juli steht, aufschlußreich:
Bodo Scheurig: Henning von Tresckow. Ein Preuße gegen Hitler, Neuauflage, Berlin 1997.

Personenregister

Abusch, Alexander 22
Adenauer, Konrad 27, 84ff.
Albrecht von Hohenzollern-Ansbach 58
Anna Iwanowna, Zarin 61
Arndt, Ernst Moritz 23
Arnim, Achim von 143
Augstein, Rudolf 25f.

Bamberger, Ludwig 147
Beck, Ludwig 84, 163
Benn, Gottfried 27
Bernhardi, Friedrich von 91, 95
Bismarck, Otto von 23, 26, 30, 74, 76-80, 91, 95, 99f., 127, 129ff., 160f., 167
Blüher, Hans 40
Boyen, Hermann von 115

Bräker, Ulrich 111
Brüning, Heinrich 83, 148

Carlyle, Thomas 62, 102, 165
Carstens, Karl 17
Churchill, Winston 28
Clausewitz, Carl von 26, 98, 115, 145
Creveld, Martin van 117

D'Alembert, Jean-Baptiste 153
Danckelmann, Eberhard Freiherr von 175
Dehio, Ludwig 76
Dehler, Thomas 27
Deppermann, Klaus 140
Derfflinger, Georg (von) 112, 175

Dilthey, Wilhelm 41
Disraeli, Benjamin 77
Droysen, Johann Gustav 59
Duncker, Max 128

Eberan, Barbro 27
Ehlers, Hermann 27
Eichendorff, Joseph von 143
Elisabeth Petrowna, Zarin 63

Fahrner, Rudolf 162
Ferguson, Niall 88
Fontane, Theodor 118, 120f., 145
Fouqué, Friedrich Heinrich Karl Baron de la Motte 143
Fox, Edward Lyell 91, 94
Francke, August Hermann 139f.
Freyer, Hans 102f., 106f.
Friedjung, Heinrich 130
Friedrich I., König in Preußen 13ff., 100, 109, 145
Friedrich II., der Große 15, 19ff., 23, 32, 34, 36, 51, 59, 61ff., 65, 95, 100–104, 106f., 111–114, 124, 127, 142f., 152f., 155f., 158, 165, 170ff., 174
Friedrich II., römisch-deutscher Kaiser 34, 57
Friedrich III., Kurfürst von Brandenburg, s. Friedrich I.
Friedrich Karl Prinz von Preußen 117
Friedrich VI., Burggraf von Nürnberg 54
Friedrich Wilhelm I. 33f., 59ff., 109f., 113, 124, 140f., 146, 151, 159, 165, 170
Friedrich Wilhelm II. 33, 66f.
Friedrich Wilhelm III. 67, 69, 145, 150
Friedrich Wilhelm IV. 135, 144, 150, 167
Friedrich Wilhelm, der Große Kurfürst 52, 54ff., 59f., 108f., 112, 140, 151, 165, 170

Gauland, Alexander 32
Gaulle, Charles de 50
George, David Lloyd 97
Gerlach, Ernst Ludwig von 122

Gilly, Friedrich 145
Gleim, Johann Wilhelm Ludwig 171
Gneisenau, August Wilhelm Anton Graf Neidhardt von 23, 70f., 115, 126, 162, 175
Goebbels, Joseph 165
Goethe, Johann Wolfgang von 124, 171
Gooch, George P. 102
Goral, Arie 43
Göring, Hermann 33
Görres, Johann Joseph 148
Grimm, Gebrüder 145

Haffner, Sebastian 18
Hager, Kurt 24
Hardenberg, Karl August Freiherr von 70, 125
Harrison, Frederic 92
Hassel, Kai Uwe von 30
Haym, Rudolf 127f.
Hegel, Georg Wilhelm Friedrich 145, 175
Heinemann, Gustav 30
Heinrich der Löwe 34
Hertzberg, Ewald Friedrich Freiherr von 174
Herwegh, Georg 126
Hindenburg, Paul von Beneckendorff und von 33f.
Hinrichs, Carl 159
Hintze, Otto 150, 154
Hitler, Adolf 33f., 83, 107, 164, 169
Honnecker, Erich 19, 21, 35
Hubatsch, Walter 57
Huber, Victor Aimé 123
Humboldt, Wilhelm Freiherr von 22

Jahn, Friedrich Ludwig 23
Joachim II. Hector, Kurfürst von Brandenburg 148
Johann Sigismund, Kurfürst von Brandenburg 149
Jünger, Ernst 49, 177

Kaisen, Hermann 27
Kaiser, Jakob 27
Kant, Immanuel 143
Karl VI., römisch-deutscher Kaiser 61
Katharina II., die Große, Zarin 67
Katte, Hans Hermann von 158

Kleist-Schmenzin, Ewald von 163
Kniprode, Winrich von 138
Knobelsdorff, Georg Wenzeslaus 23
Kohl, Helmut 35f.
Krockow, Christian von 18
Kroll, Frank Lothar 153

Lassalle, Ferdinand 127
Lessing, Gotthold Ephraim 155, 171
Liselotte von der Pfalz 139
Louis Ferdinand Prinz von Preußen 35
Luise, preuß. Königin 144

Macaulay, Thomas Babington 102
Machiavelli, Niccolò 103f.
Mackinder, John Halford 53
Maiwald, Serge 84
Maizière, Lothar de 31
Mann, Heinrich 118
Mann, Thomas 81
Manteuffel, Otto von 146

Marwitz, Friedrich August Ludwig von der 125, 161
Marx, Karl 22
Masowien, Konrad von 57
Mende, Erich 27
Mendelssohn, Moses 154
Merckel, Theodor 160
Merkenschlager, Friedrich 176
Metternich, Klemens Wenzel Fürst von 69
Minc, Alain 87
Mittenzwei, Ingrid 21
Mitterrand, François 87
Moeller van den Bruck, Arthur 39, 137, 143
Moltke, Helmuth von 74f., 99, 136, 175
Müller, Adam 143
Myllen, Christoph Heinrich 172

Napoleon I. 50, 68, 115
Nettelbeck, Joachim 160
Nicolai, Friedrich 154
Nietzsche, Friedrich 91, 95, 143
Novalis, d. i. Hardenberg, Freiherr von 172

Personenregister

Oestreich, Gerhard 109
Oldenburg-Januschau, Elard von 119f.

Peter III., Zar 63
Pflüger, Friedbert 36
Popitz, Johannes 163

Radowitz, Joseph Maria von 148
Ranke, Leopold von 145
Rathenau, Walther 177
Ratzel, Friedrich 53
Rauch, Christian David 19, 23
Reclus, Onésime 95
Rein, Gustav A. 132
Ritter, Gerhard 29
Rochau, Friedrich August Ludwig von 128

Schadow, Johann Gottfried 23, 145
Scharnhorst, Gerhard Johann David 23, 26, 115, 125, 175
Schill, Ferdinand von 23, 161
Schinkel, Karl Friedrich 144f.
Schlieffen, Alfred von 146
Schmidt, Franz von 146
Schoeps, Hans-Joachim 38–46, 156
Schoeps, Julius H. 38, 44
Schumacher, Kurt 27, 85
Seeley, John R. 136
Seibt, Gustav 36
Seydlitz, Friedrich Wilhelm von 117
Siedler, Wolf Jobst 31
Spengler, Oswald 165
Stadelmann, Rudolf 99
Staël, Madame de 92
Stauffenberg, Claus Graf Schenk von 162
Stein, Karl Reichsfreiherr vom und zum 22f., 26, 125, 175
Straub, Eberhard 37
Stresemann, Gustav 82f.
Studnitz, Hans Georg von 19
Sybel, Heinrich von 175

Tempelhof, Kavalleriegeneral 111
Treitschke, Heinrich von 91, 95, 102, 128, 167f.
Tresckow, Henning von 163f.
Troeltsch, Ernst 157

Uhle-Wettler, Franz 111
Ulbricht, Walter 20

Personenregister

Vogel, Hans Jochen 36

Weber, Max 132f.
Wichern, Johann Hinrich 123
Wilhelm I., dt. Kaiser 168, 176

Wilhelm II., dt. Kaiser 80
Winters, Peter Jochen 36
Wolff, Christian 142

Yorck von Wartenburg, Hans David Ludwig Graf 162